KB266344

초역 에머슨의 잠언 시편
: 자기 신뢰, 스스로 서는 자의 문장

초역 에머슨의 잠언 시편
: 자기 신뢰, 스스로 서는 자의 문장

일러두기

이 책은 랠프 월도 에머슨의 시집 《Poems》(Household Edition,
1911)에서 에머슨의 인생 철학을 잘 드러내는 시들을 가려 뽑아
오늘의 독자가 쉽게 읽을 수 있도록 새롭게 엮은 것입니다.

초역 에머슨의 잠언 시편

자기 신뢰, 스스로 서는 자의 문장

랠프 월도 에머슨 지음 | 충희 엮음

여린풀

죽는 날까지 하늘을 우러러
한 점 부끄럼이 없기를,

잎새에 이는 바람에도
나는 괴로워했다.

별을 노래하는 마음으로

모든 죽어가는 것을 사랑해야지.

그리고 나한테 주어진 길을
걸어가야겠다.

오늘 밤에도 별이 바람에 스치운다.

〈서시〉, 윤동주

스스로 서는 자를 위한 영혼의 북극성

하늘을 우러러 한 점 부끄럼이 없기를

'에머슨의 잠언 시편' 작업을 마무리하던 지난 2월 16일, 그날이 윤동주 시인이 일제 치하에서 옥사한 지 81주기가 되는 날이라는 걸 우연히 알게 되었다. 그때 〈서시〉가 머리를 스쳤다. 윤동주 시인이 고난 중에 읊은 〈서시〉의 문장과 머나먼 이국땅의 사상가 랠프 월도 에머슨이 평생에 걸쳐 역설한 '자기 신뢰'가 놀랍도록 닮아 있었다. 타인의 시선이나 시대의 압박에 휩쓸리지 않고, 내면의 별을 바라보며 자신에게 주어진 길을 묵묵히 걸어가겠다는 결의. 그것은 시대와 문화, 언어를 넘어 스스로 주권자로 서려는 모든 인간의 공통된 선언이었다.

윤동주 시인이 말한 '하늘'은 종교적 상징을 넘어 자기 양심을 향한 시선이자, 자기 안의 법을 배반하지 않겠다는 결단의 근거였다. 에머슨이 말한 '자기 신뢰self-reliance' 또한 다르지 않다. 외부의 권위, 전통, 찬사와 비난을 넘어, "네 안의 목소리를 신뢰하라"는 그의 외침은 곧 내면의 법을 따르라는 명령이었다. 시대도 언어도 달랐지만 두 사람은 같은 질문 앞에 서 있었다. "나는 나 자신에게 떳떳한가."

윤동주 시인은 가혹했던 일제의 침탈 앞에서, 에머슨은 유럽 사상의 권위와 종교 제도의 관습 앞에서 정신의 독립을 지키고자 했다. 두 사람이 맞선 대상은 서로 다르지만, 지키려 한 것은 같다. 그것은 외부의 승인 이전에 존재하는, 내면의 기준이다.

이 잠언 시편은 바로 그 자리에서 출발한다. 타인의 기대가 아니라 자기 양심 위에 똑바로 서는 삶, 비교가 아닌 자기 존재감으로 살아가는 삶. 이 책은 에머슨의 문장들, 특별히 (널리 알려진 에세이가 아닌) 그의 시 속에서 그러한 삶의 북극성을 길어 올리고자 한 시도다. 하늘을 우러러 한 점 부끄럼 없기를 바랐던 윤동주 시인의 고백처럼, 에머슨의 잠언 시편은 스스로 서는 자를 위한 영혼의 기도이자, 자기 안의 별을 다시 발견하기 위한 지도다.

랠프 월도 에머슨:
스스로 서는 자를 위한 '자기 신뢰'의 외침

랠프 월도 에머슨Ralph Waldo Emerson(1803~1882)은 오늘날에도 유효한 질문을 던지는 사상가다. 어쩌면 지금 이 시대에 더욱 절실한 질문인지도 모른다.

그는 하버드 대학교를 졸업하고 하버드 신학대학원에서 신학을 공부했다. 목사로서 안정적인 삶을 보장받았으나, 형식화된 교리와 관습의 틀에 안주하기를 거부했다. 그는 진리가 죽은 형식이 아니라, 살아 있는 자연과 자기 내면에서 발견되는 것이라 믿었기 때문이다.

1832년 그는 스스로 목사직을 내려놓았다. 이후 유럽을 여행하며 칼라일 등 당대 사상가들과 교류했고, 귀국 후 보스턴 근처 콩코드에서 '초월주의Transcendentalism' 운동을 주도했다. 이는 미국 사상이 유럽의 지적 전통을 모방하는 단계를 넘어, 미국만의 사상적 자립을 모색하는 중요한 전환점이 되었다.

에머슨 사상의 중심에는 두 개의 축이 놓여 있다. 하나는 에세이 〈자기 신뢰Self-Reliance〉에서 천명한 '자기 신뢰', 다른 하나는 〈보상Compensation〉에서 밝힌 '보상의 법칙'이다. 그는 외부의 승인과 제도에 기대어 자신의 존재 가치를 확인하려는 순간, 인간의 영혼은 힘을 잃는다고 보았다. 그래서 단언했다.

"너 자신을 신뢰하라. 모든 심장은 그 강철의 현에 공명한다."

그에게 우주는 도덕적 균형 위에 서 있었다. 손실에는 상응하는 보상이 있고, 결핍에는 다른 형태의 능력이 깃들어 있다. 이 보상의 질서는 단순한 위로가 아니라, 인간이 스스로를 단련하고 확장해 가는 과정에 대한 통찰이었다.

에머슨의 영향력은 시대와 국경을 넘었다. 프리드리히

니체는 에머슨의 글을 평생 곁에 두고 읽으며 깊이 공감했다. 또한 니체의 '초인Übermensch' 사상은 에머슨의 '자기 신뢰'와도 닿아 있다. 헨리 데이비드 소로는 그의 곁에서 자립의 삶을 실험했고, 월트 휘트먼은 그의 격려 속에서 새로운 미국적 시를 창작하며 한 시대를 열었다. 소로를 매개로 간디와 마틴 루서 킹에게 이어진 도덕적 저항의 계보 역시, 그 바탕에는 에머슨이 강조한 도덕적 자율성과 자기 신뢰가 놓여 있다. 현대에 이르러서도 버락 오바마 같은 정치 지도자들이 위기의 순간마다 그의 문장을 인용해 왔다. 시대의 소란 속에서도 내면의 기준을 따르라는 그의 메시지는 여전히 현재형이다.

알고리즘이 취향을 설계하고, 타인의 시선과 기대가 삶의 방향과 행복의 기준이 된 이 시대에 에머슨의 자립 정신은 더욱 큰 의미를 가진다. 군중 속에서 자신을 잃어버린 '조각난 인간'들에게 그는 묻는다.

"당신은 당신 삶의 주인인가, 아니면 타인의 기준에 충실한 연기자인가?"

이 잠언 시편은 그 질문에 대한 하나의 응답이자, 잃어버린 '자기 내면의 기준'을 다시 일깨우는 여정이 될 것이다.

에머슨이 들려주는 인생 철학

이 잠언 시편에 담긴 71편의 노래는 단순한 감상의 대상이 아니다. 인간이 어떻게 살아야 하는지를 다시 생각하게 하는 철학적 선언이며, 일상에서 길을 잃지 않게 하는 인생의 나침반이다.

첫째, 내 삶의 주인으로 우뚝 서는 '근본적 자립'이다.

에머슨 사상의 출발점은 우리 삶의 주인은 우리 자신이라는 선언이다. 모든 책임의 소재를 외부가 아니라 내부로 돌리는 것, 그것이 그의 사상의 첫걸음이다. 에세이 〈자기 신뢰〉의 첫머리에서 그는 이렇게 말한다. "너 자신을 외부에서 찾지 마라Ne te quaesiveris extra." 그리고 마지막 대목에서 다시 한번 선언한다. "나 외에는 그 누구도 나에게 평화를 줄 수 없다." 우리는 종종 운명을 외부의 가혹한 힘으로 생각하지만, 에머슨에게 운명은 우리가 스스로 새긴 문장을 비추는 거울이다. 스스로 노예라고 규정하지 않는 한 누구도 우리를 침범할 수 없다. 우리 삶의 주인은 우리 자신이라는 선언, 그것이 자립 정신의 정수다.

둘째, 결핍을 자산으로 바꾸는 '역설의 지혜'다.

에머슨에게 결핍은 불행이 아니라 힘의 씨앗이다. 우리는 자신의 약점을 한탄하는 데 많은 시간을 쓰지만, 그는 보상의 법칙을 통해 결핍이 어떻게 힘이 되는지를 보여준다. 손이 없기에 혀를 쓰고, 사자의 발톱이 없기에 지혜를 연마하듯, 우리의 부족함은 새로운 재능을 벼리라는 하늘의 목소리다. 결핍은 인간을 무너뜨리는 것이 아니라,

오히려 그를 독특하고 고귀하게 만드는 가장 강력한 동력
이 된다.

셋째, 전부를 걸되 소유하지 않는 '사랑의 귀족성'이다.
　에머슨에게 사랑은 소유가 아니라 영혼의 확장이다.
사랑을 위해 모든 것을 바치되, 상대의 마음속에 나 아닌
다른 기쁨이 비칠 때는 그 옷자락조차 붙잡지 말라고 그
는 말한다. 집착이라는 '반신half-gods'을 떠나보내고 진정
한 '신Gods'의 질서로 나아가라는 이별의 지혜는, 사랑이
어떻게 영혼을 더 높은 세계로 이끄는지를 보여준다.

넷째, 폭풍 속에서도 흔들리지 않는 '관조적 지성'이다.
　에머슨은 우리 안에 '내면의 관찰자'가 있다고 말한다.
격정의 소용돌이 속에서도 자신을 바라보고 있는 지성이
다. 이 지성은 환희에 들뜨지 않고 고통에 무너지지 않는
다. "진실을 말하자면 지성은 그 고통이 품은 진리의 조각
에만 관심을 둘 뿐이다." 지성의 이 '신성한 비정함'을 기억
하는 사람은 감정의 파도 아래에서 우리를 지탱하는 깊은
바다의 심장을 갖게 된다.

다섯째, 주인공이 아닐 때조차 충분한 '존재의 온전함'이다.
　우리는 인정받기 위해 애쓰며 주인공이 되지 못할 때
불행하다고 느낀다. 그러나 에머슨은 전혀 다른 풍경을 우
리에게 보여준다. '숲의 신'들은 말한다. "달이 시선을 끌

때 잎사귀는 어둠에 묻히지만 아무도 시기하지 않는다.” 빛날 때도, 어두울 때도, 우리는 이미 세상의 엄연한 일원이다. 우리는 이미 온전한 존재다. 이 깨달음은 비교라는 치명적인 독으로부터 우리를 구하는 가장 강력한 해독제가 된다.

여섯째, 시험을 견뎌낸 ‘본질의 다섯 줄’이다.

　우리는 살아가면서 수많은 말을 쏟아내고 크고 작은 계획을 세우지만, 그 대부분은 사라진다. 한 시편에서 에머슨은 오백 줄의 시구 중 시험을 통과한 것은 오직 다섯 줄뿐이라고 말한다. 불과 바람과 시간을 견디고도 살아남은 문장, 그것은 유행이 아니라 본질에서 나온 것이다. 인생 역시 마찬가지다. 성취의 양보다 중요한 것은 시간도 지우지 못하는 나만의 다섯 줄을 남기는 일이다.

일곱째, 외부의 족쇄를 끊는 ‘자유의 주권’이다.

　에머슨에게 자유는 외부에서 주어지는 허가가 아니다. 그것은 자기 내면에서 내려지는 선언이다. 의무가 낮은 목소리로 속삭일 때 “나는 할 수 있다”고 대답하는 자발성, 그것이 그가 말하는 자유다. 자유는 방종이 아니다. 외부의 명령을 거부하는 데서 멈추지 않고, 내면의 법을 따르는 데까지 나아가는 것이다. 타인의 눈이 아니라 자기 양심 앞에 설 때 인간은 비로소 매이지 않는다. 결국 자유란 어디로든 갈 수 있는 권리가 아니라 내가 가야 할 길을 스스로 선택하고 그 선택을 감당하는 책임이다. 그래서 자유는 자기 신뢰의 또 다른 이름이다.

"훗날, 한 인간으로서 이렇게 기억되게 하소서"

에머슨은 형식보다 정신을 더 중시했다. 그에게 진리는 박제된 전통이 아니라 살아 움직이는 영혼의 체험이었다. 그래서 이번 시편 작업은 문장 자체가 아니라 그 안에 담긴 의미를 드러내는 데 집중했다. 원문의 모호하거나 신화적인 상징은 가급적 현대의 언어로 치환하고, 에머슨의 정신이 표면에 바로 드러나도록 작업했다. 나아가 필요한 경우에는 시의 의미를 더 드러내기 위한 개입도 시도했다. 그의 시를 감상의 대상에서 성장과 변화의 메시지로 읽자는 엮은이의 제안인 셈이다. 에머슨의 시는 몸으로 살아내야 하는 메시지로 읽을 때 그 힘이 더 강해진다고 믿기 때문이다.

에머슨은 인간이 생각에 의해 규정된다고 보았다. 흔히 "인간은 그가 생각하는 바로 그것이다"라는 말로 요약된다. 우리가 환경의 제약만을 생각한다면 결국 우리는 노예로 살게 될 것이다. 우리 안의 가능성을 생각한다면 주권자가 될 것이다. 이 71편의 시를 통해 '괜찮다'는 위로를 넘어 '나는 생각보다 훨씬 거대한 존재'라는 위대한 진실을 독자 여러분이 느낄 수 있다면, 그것만으로도 이번 시편 작업은 제 역할을 다한 것이다.

윤동주 시인이 별을 헤며 자신의 길을 돌아보았듯, 이 시편들 역시 독자들께 자신을 비추는 거울이 될 수 있기를 진심으로 희망한다. 이 책을 덮는 순간, 우리가 세상 풍파에 흔들리는 작은 조각배가 아니라 스스로 빛을 내는 북극성임을, 잠시라도 느끼게 되길 바란다. 우리 영혼은 이미 온전하다. 빛날 때도, 어두울 때도, 우리는 이미 충분하다. 평화는 외부 조건이 아니라 내면의 기준에서 온다. 이 잠언 시편은 우리 안에 이미 있는 그 기준으로 다시 돌아가기 위한 작은 지도다. 글을 맺는 이 순간, 에머슨의 기도가 계속 머리에 맴돈다.

훗날 내가 묻혔을 때,
한 인간으로서 이렇게 기억되게 하소서.
"그는 인류를 깊이 사랑했으나,
타인의 눈이 두려워 자신의 길에서 벗어난 적은 없었다."

시, 〈자기 신뢰〉 중

엮은이 충희

차례

2. 누구도 침범할 수 없다

3. 인생의 전환점 앞에서

4. 두려워 마라, 네가 설계자다

5. 운명: 네 안의 거인에게 응답하라

6. 빛날 때도, 어두울 때도,
   너는 이미 충분하다

1.

각자이면서 모두

그 법칙

SPIRITUAL LAWS

살아 있는 하늘은 그대의 기도에 기꺼이 응답한다.
그 하늘은 그대의 집이자, 그대를 짓는 건축가.
인간이 무심히 내다 버린 시간마저 캐내어
그것들로 영원의 탑을 쌓아 올린다.

오직 홀로, 자신의 명령에만 따르기에
세월의 헛됨이나 삶의 실패조차 재료로 삼는다.
그 법칙은 몰락의 한복판에서도 작동하며,
버려졌다고 여긴 것들마저 의미로 다시 빚어낸다.
나를 더럽히려는 모욕과 오류의 흔적들조차
끝내는 훼손되지 않는 결백의 자리로 조용히 바꿔
놓는다.

그러니 실패한 날들이라 말하지 마라.
실패라 부른 시간조차 하늘은 재료로 삼는다.
오늘의 추락을 두려워하지 마라.
영원의 탑은 이미 만들어지고 있다.

각자이면서 모두

EACH AND ALL

모든 것은 서로에게 필요하다.
홀로 온전하거나 홀로 선한 것은 없다.

나는 참새의 노래가 하늘에서 내려온 줄 알았다.
새벽, 나뭇가지 위에서 들리던 그 소리를.
저녁이 되자
나는 그 녀석을 둥지째 집으로 데려왔다.
노래는 남아 있었지만 더 이상의 기쁨은 없었다.
강과 하늘이 없었기 때문이다.
참새는 내 귀에 노래했지만,
강과 하늘은 내 눈에 노래했다.

그 남자는, 사람들 속에 있을 때 가장 빛나던 여인을
사랑했다.
그 아름다움이 관계 속에서 채색되고 있었다는 사
실을
그는 알지 못했다.
마침내 그녀가 그의 삶으로 들어왔을 때,

마법은 사라졌다.
그녀는 다정한 아내가 되었지만,
더 이상 요정은 아니었다.

그때 나는 말했다.
나는 이제 진리를 택하겠다고,
아름다움은
어린 시절에나 속아 넘어가는 것이라고.

그때 그 순간,
자연이 나를 다시 에워쌌다.
발치에는 풀과 이끼가 엉켜 있었고,
공기에는 꽃의 숨결이 스며 있었으며,
나무들은 나를 감싼 채 서 있었다.
머리 위에는
빛과 신성으로 가득 찬 하늘이 열려 있었다.
나는 다시 보았고 다시 들었다,
강의 흐름과 아침의 새소리를.

아름다움은 그렇게 설명 없이 내 안으로 돌아왔고,
나는 마침내
완전한 전체에 나 자신을 맡겼다.

홀로 빛나는 것은 없다. 각자이면서 모두다.

꽃은 어디에서 왔느냐는 물음에 대하여

THE RHODORA: ON BEING ASKED, WHENCE IS THE FLOWER?

오월, 바닷바람이
우리의 고요한 은신처로 스며들 때,
나는 숲속에서 갓 피어난
분홍빛 로도라*를 발견했다.
잎도 달지 않은 꽃을 촉촉한 오목 자리에 펼쳐 놓고,
황량한 숲과 느릿한 개울을 기쁘게 하려는 듯.
연못에 떨어진 분홍빛 꽃잎들은
검은 물을 그 아름다움으로 환하게 만들었다.
이곳에 붉은 새가 와서 깃털을 식혔을지도 모른다.
그리고 자신의 차림을 초라하게 만드는 이 꽃에
구애했을지도 모른다.

로도라여! 만일 현자들이 네게 와서,
왜 이런 아름다움이 헛되이 쓰였냐 묻거든,
사랑하는 꽃아, 이렇게 말하라.
눈이 보기 위해 만들어졌다면,
아름다움은 그 존재 자체로 이미 충분한 이유를 가
진다고.

네가 왜 그곳에 있었는지,
나는 묻지도 않았고, 알지도 못한다.
다만 나의 소박한 무지 속에서 이렇게 짐작할 뿐이다.

나를 그곳으로 데려온 바로 그 힘이
너를 그곳에 데려왔을 것이라고.

존재하기에 너와 나의 이유는 이미 족하다고.

* 로도라(rhodora): 북미 숲속에 피는 산진달래의 일종

우화: 산은 산, 다람쥐는 다람쥐

FABLE

산과 다람쥐가 말다툼을 벌였다.

산이 먼저 다람쥐를 향해

“보잘것없는 잘난체쟁이!”라고 불렀다.

그러자 다람쥐가 대답했다.

“당신이 거대하다는 건 의심의 여지가 없죠.

하지만 한 해를 이루고, 하나의 세계를 이루려면

온갖 것과 온갖 날씨가 함께 어우러져야 하는 법이
에요.

그리고 저는 저의 자리를 차지하고 있는 게

조금도 부끄럽지 않아요.

제가 당신만큼 크지 않다면, 당신도 저만큼 작지는
않잖아요.

게다가 저만큼 날렵하지도 않고요.

당신이 아주 근사한 다람쥐 길을 만든다는 건 부인
하지 않겠어요.

재능은 저마다 다르고, 모든 것은 잘, 또 지혜롭게
놓여 있죠.

제가 숲을 등에 지고 나르지 못하듯,

당신도 도토리 하나를 깨뜨리지 못하잖아요.

저는 당신이 아니에요. 당신도 제가 아니고요.
그래서 우리가 모두 잘 살 수 있는 거예요."

사랑과 지혜

LOVE AND THOUGHT

잘 어울리는 두 나그네가 같은 길을 걷는다.
하나는 '사랑'이라는 열망, 하나는 '지혜'라는 빛.
이 둘 앞에서는 숨겨진 것도, 금지된 곳도 없다.
손을 맞잡은 채
대자연의 은밀한 부분까지 함께 탐험한다.

이들은 서로를 위해 태어났고,
서로를 가장 빛나게 한다. 단 하나,
그들이 감당할 수 없는 유일한 슬픔이 있으니,
오만한 욕심과 차가운 계산, 얄팍한 허영 같은
거짓된 동행자들에게 가로막혀
서로를 잃어버리는 일이다.

지금 너의 사랑 곁에는 누가 걷고 있는가?
지금 너의 지혜 곁에는 누가 걷고 있는가?
사랑 없는 지혜는 냉혹해지고
지혜 없는 사랑은 맹목이 된다.
사랑과 지혜는 잘 어울리는 두 나그네다.

결국엔 사랑하고, 사랑받는 것

EROS

세상의 본질은 짧고 명료하지만,

그에 대한 말은 길고도 어지럽다.

결국엔 사랑하고, 사랑받는 것.

인간도 신도, 그 너머의 지혜는 배울 수 없었고

아무리 궁리하고 또 궁리해 보아도

그보다 더 나은 답은 찾아낼 수 없었다.

결국엔 사랑하고, 사랑받는 것.

사랑의 귀족성

INITIAL, DAEMONIC AND CELESTIAL LOVE

사랑의 마음은, 충실하되 집착하지 않으며
정의를 향하되 넘치지 않는다.
상대에게 선택받고 확인받는 것에만 기뻐하는
낮은 사랑과는 결을 달리한다.

그들의 시야는
더 넓은 인류의 선을 향해 열려 있다.
거짓된 겸손 없이, 자신의 천성에 따라
명료하고 엄격하게 살아간다.
이것이 사랑의 귀족성이다.

사랑의 위대함은,
빵과 황금을 뿌리거나
재화를 나누는 데 있지 않다.
계산 없이, 자신의 순전한 양심을 굳게 붙잡고
순결한 언어로 말하며, 손과 몸과 피로
내면의 양심을 삶으로 증명하는 데 있다.

빵으로 사람을 먹이는 이는 몇몇을 섬길 뿐이나,
진실할 용기를 가진 이는 세상 모든 이를 섬긴다.

집착을 내려놓을 때 사랑은 귀족이 되고,
진실할 용기를 가질 때 사랑은 천상에 닿는다.
그때 사랑은 세상 모든 이를 섬긴다.

사랑에 모든 것을 바쳐라

GIVE ALL TO LOVE

사랑에 모든 것을 바쳐라.
네 마음을 따르라.
친구와 가족, 시간, 재산과 명성,
계획과 평판, 그리고 영감까지
무엇도 남겨 두지 마라.

사랑은 용감한 주인,
그에게 자유를 허락하라.
끝까지 따르라,
희망 너머까지 희망하라.
그것은 더 높이, 더 높이
한낮의 빛 속으로 파고든다.
날개는 닳지 않고, 뜻은 헤아릴 수 없지만,
그러나 그것은 신이다.
자기 길을 알고, 하늘로 나아가는 길을 안다.

사랑은 비겁한 자를 위한 것이 아니다.
굳센 용기를 요구한다.

의심을 넘어선 영혼, 굽히지 않는 담대함.
사랑은 그런 이들에게 보답한다.
사랑을 통과한 영혼은 이전보다 더 큰 존재로 돌아
오며,
끊임없이 상승한다.

사랑을 위해 모든 것을 떠나라.
그러나 내 말을 들어라,
마음에 한 마디 더 새기고, 단단한 결심을 하나 더
보태라.
오늘도, 내일도, 영원히 사랑하되,
소유하지 마라.

그 여인을 생명처럼 사랑하되,
뜻밖의 순간,
어렴풋한 의심의 첫 그림자가 그녀의 마음을 스칠 때,
네가 아닌 다른 기쁨의 가능성이 그녀에게 비칠 때,
그녀를 자유롭게 두어라,

상상으로조차 붙잡지 마라.
그녀의 옷자락 끝도,
그녀가 여름의 화관에서 빼 던진
가장 창백한 장미 한 송이조차 잡으려 들지 마라.

비록 너 자신처럼 그녀를 사랑했을지라도,
그녀의 떠남이 하루를 흐리게 하고,
세상 모든 것에서 빛을 앗아간다 해도,
마음 깊이 알라.
우리가 신처럼 받들었던 그녀가 떠날 때,
더 큰 신의 질서가 다가온다.

선물

GIFTS

41

그가 나를 사랑하던 때,
선물이 이제야 도착해도 언제나 제때였다.
그러나 그가 사랑을 멈췄을 때,
부끄러움을 안다면,
그 선물도 함께 멈춰야 했건만.

휴일들

HOLIDAYS

가을에서 봄까지,
소녀와 소년이 사랑하던 그 열매
갈색빛 도토리는
숲속에서 아이들의 장난감이 되어 주었다.

이제는 따 보려 해도, 헛수고다.
그 뿌리는 저 그늘진 둔덕을 꿰뚫고 들어갔고,
더 이상 장난감이 아니다.
이제는 해야 할 일이 있으니,
땅에 단단히 닻을 내렸다.

장밋빛 입술의 소녀는
명랑한 햇살 같았고,
모든 이에게 사랑받았으며,
특히 한 사람에게는
금광보다도 더 소중했다.

그 사랑스러운 말괄량이는 어디로 갔는가?

복된 아내로 사라졌고,
나무로 만든 요람을 섬기며,
아기의 삶 속에서 살고 있다.

그럼에도 너는 여전히 놀고 있구나.
그러나 운명이 허락한 휴식의 시간은
언제나 짧다.
이제 너는 인간으로 예술가로 서야 한다.
지금이 바로 그 물결이 바뀌는 때다.

주어진 운명을 너만의 예술로 빚어내야 할 때다.

구원은 어디에 있는가

SAADI

세상이 외면하는 거친 빵을 기꺼이 먹어라.
너에게서 달아나는 재물이라면,
너 또한 미련 없이 등을 돌려라.
구걸하여 얻은 것은 결코 너의 것이 되지 못하나니,
아무것도 갈구하지 않을 때
비로소 운명이 너를 찾아온다.
더 높이 오르려 애쓰지 말고,
비굴하게 엎드리지도 마라.
삶의 가장 고귀한 가치들은 언제나
기우는 법 없는 단단한 중심 위에 머문다.

스승을 찾겠다며 바다를 건너거나
인류의 발자취를 뒤쫓으며 시간을 허비하지 마라.
보라, 네가 찾던 진리는 이미 문 앞에 서 있다!
바닥 위에 길게 드리워진 그의 그림자를 직시하라.

너의 오두막 벽 너머에서
모든 것을 내어줄 구원자를 찾지 마라.

네가 집 문 앞, 낮은 모랫바닥에 앉아
노인들의 시시한 수다와 낡은 잔소리에 귀를 기울일
때,
보라! 비천하게만 보이던 그들이
거대한 자연의 기품으로 당당히 솟구치는 것을.
그때 너는 오래도록 삶이 숨겨두었던 진실을
마침내 보게 되리라.
곧, 네가 부리던 종의 얼굴에서
축복받은 신들이 종의 가면을 쓰고
너를 위해 고단한 집안일을 묵묵히 거들고 있었음을.

보라, 구원은 어디에 있는가.

통찰, 고귀한 고독

INSIGHT

진리에 순종할 때 자라나는 힘,
어디서 왔는지 알 수 없는 깊은 깨달음.

그것은 거대한 파도처럼 나를 실어
남들과 비교하며 살던 세상에서 떼어놓네.

만물을 꿰뚫어 볼 날개를 달아주지만,
가장 가까운 이들에게조차 나를 낯설게 만드네.

그러나 나를 잃고 얻는 박수보다,
나로 살기 위해 견디는 고독이 더 고귀하다.

보상의 법칙:
우주는 누구에게도 빚을 지지 않는다
COMPENSATION

시간의 날개는 늘 빛과 어둠을 함께 싣고 온다.
아침과 밤이 뒤섞인 날갯짓에
득과 실, 기쁨과 상실이 함께 흔들린다.

높은 산과 깊은 바다는
보이지 않는 저울 위에서 떨리듯 균형을 지킨다.
밀물과 썰물, 차고 이지러지는 달 속에서
결핍과 충만이 팽팽한 긴장감을 내뿜는다.

우주 한가운데 외로이 떠 있는 작은 별,
우리의 지구조차
거대한 전당을 가로지르는 수많은 별들 사이에서
균형을 맞추는 하나의 추, 보상의 불꽃일 뿐이다.

인간은 느릅나무, 부富는 넝쿨이다.
단단한 줄기에 강한 넝쿨이 감겨 서로를 떠받친다.
그 뿌리에서 넝쿨을 결코 떼어낼 수 없다.
그러니 작고 약한 자여, 두려워할 이유가 없다.

그 어떤 신도
벌레 한 마리조차 부당하게 해칠 수 없다.

월계관은 마땅한 공적에 돌아가고,
권능은 권능을 행사하는 자에게 머문다.

그대의 몫이 아직 보이지 않는가?

보라, 그것은 날개 달린 발로
그대를 향해 달려오고 있다.
자연의 법칙 속에서 그대의 몫이 된 모든 것은,
공중에 떠 있든 바위 속에 갇혀 있든,
언젠가 산을 쪼개고 바다를 건너와
그대의 그림자처럼 끝까지 그대를 따르게 된다.

우리의 삶 역시 언제나 결핍과 충만 사이에서
보이지 않는 저울을 맞추고 있다.

그러니 작고 약한 자여, 두려워할 이유가 없다.
우주는 누구에게도 빚을 지지 않는다.

2.

누구도 침범할 수 없다

자기 신뢰

SELF-RELIANCE

이제부터, 신의 뜻에 따라,
나는 영원히 거부한다, 타인의 기준이라는 멍에를.
내 마음 깊은 곳의 목소리를 발견하고
그 안에서 들려오는 진실만을 듣겠다.

작은 나침반 바늘이 언제나 북쪽을 알 듯,
작은 새가 제 노래를 기억하듯,
내 안의 현자는 결코 틀리는 법 없다.
내가 그를 가르친 게 아니라 그가 나를 가르치니,
내가 옳게 행동했다면 그것은 오직 그를 따른 결과다.

훗날 내가 묻혔을 때,
한 인간으로서 이렇게 기억되게 하소서.
"그는 인류를 깊이 사랑했으나,
타인의 눈이 두려워 자신의 길에서 벗어난 적은 없
었다."
오, 천국이란 무엇인가?
세상에 맞서 홀로 선 의지들의 고결한 연대 아니던가.

세월은 나를 지나쳐 가도 나는 여전히 변함없다.
비록 꽃은 지고 향기는 흩어져도,
나는 시들지 않는 내 안의 기준과 늘 함께였으니.

나 외에 내게 평화를 줄 수 있는 것은
아무것도 없다.
세상의 소란 속에서도 자신만의 고독을 지키고,
오직 자신을 신뢰하며 홀로 서는 자,
그가 곧 자기 삶의 주인이다.

누구도 침범할 수 없다, 다만

ASTRAEA

우리 각자는 스스로 자신의 전령이 되어

자기 신분을 직접 적어넣고,

자신만의 이름을 방패에 새긴다.

어떤 왕도, 어떤 국가도

영웅의 가치를 정해 줄 수 없다.

우리는 모두에게 존엄하며, 머리끝부터 발끝까지

누구도 침범할 수 없는 존재다.

그가 스스로 모든 시선이 머무는 곳,

곧 자기 가슴 위에

노예인지 주인인지 써 붙이기 전까지는.

보라, 세상은 거울일 뿐,

그대가 스스로 써 붙인 말을 그대로 비춘다.

타인의 시선을 되묻기 전에,

그대가 가슴에 새긴 것을 먼저 살펴라.

노예인지, 주인인지,

그 답은 오직 그대만이 쓸 수 있으니.

절제: 힘을 쓰지 않는 힘

FORBEARANCE

총과 화살을 들지 않고도
모든 새의 이름을 부를 수 있는 것,
숲의 장미를 사랑하되
꺾지 않고 그 자리에 남겨 두는 것,
그것이 절제다.

부자의 식탁에서도
빵과 콩으로 만족하는 것,
아무 무장 없이
신뢰의 마음으로 위험을 마주하는 것,
그 또한 절제다.

사람에게서 고결한 태도를 보았을 때,
말의 칭찬을 아껴
침묵으로 그 가치를 빛나게 해주는 것,
그 품격을 더 고귀하게 지켜주는 것,
이것이 절제다.

오, 절제여, 나의 친구가 되어
내가 너의 사람이 되는 법을 가르쳐다오.

영웅

HEROISM

진홍빛 포도주는 불한당의 음료,
설탕은 노예에게나 어울리며,
장미와 포도잎은 어릿광대의 장식품이다.

보라, 영웅은 달콤한 것을 먹지 않으며,
날마다 자기 심장을 씹으며 버틴다.
위대한 자의 방은 곧 감옥, 역풍이야말로
왕의 돛에 가장 어울리는 바람이다.

영웅이여, 시련의 바람을 타고 나아가라.
고통을 거부하지 마라. 너의 왕 됨을 증명하라.

자유는 어디에 있는가

한때 나는 자유의 찬가를 시로 노래하고 싶었다.
그 노래를 우연히 들은 노예가 가슴이 떨려
마침내 사슬을 끊어 내기를 기대하면서.

그러나 영혼은 내게 말했다.
"그렇게 하지 마라.
말하지 말거나, 하더라도 아주 작은 소리로 말하라.
자유는 가볍게 불러도 될 이름이 아니며,
기도로 청할 수 있는 선물도 아니고,
말로 표현할 수 있는 열정도 아니다.
그것은 오직 벅차오르는 가슴의 숨결로만
드러낼 수 있는 것이다."

그러나 만약 네가 그 자유가 어디에 깃들어 있는지
정말 알고자 한다면,
짐승 같은 본능을 인간의 영혼으로 깨우는
그 힘의 비밀을 진정 알고자 한다면,
타인의 시선이나 인간적인 계산과 상의하지 마라.

겉옷이나 먹을 것을 챙기느라 머뭇거리지도 마라.
네가 옳다고 느끼는 바로 그 순간, 지체 없이 행하라.

자유의 조건

자유가 없다면
밭을 가는 그 부지런함이 무슨 소용이며
바다를 건너는 그 용기가 무슨 의미인가.

자유가 무너지면
땅도, 삶도, 노동도 그저 헛된 그림자일 뿐.

우리는 스스로 다스리는 권리를 위해서라면
기꺼이 모든 것을 내놓을 것이다.
그러나 굴종을 강요하는 단 한 푼짜리 공물에도
단호히 등을 돌리겠다.

자유는 거저 주어지는 선물이 아니다.
그것은 오직, 책임을 각오한 자에게만
자기 얼굴을 드러낸다.

자유는 홀로 서지 않는다

BOSTON

우리는 자유의 공동체.
각자는 서로를 돌보고,
가난한 이에게는 고귀한 형제가 되고,
선한 이에게는 친구가 된다.

자유는 절대 홀로 서지 않는다.
굽혀 서로를 바라볼 줄 아는 마음 위에서만
비로소 오래 머문다.

자유를 지키는 힘은
칼도, 성벽도 아닌
서로를 포기하지 않는 태도다.

귀족은 없다

BOSTON

우리는 소수에게 작위를 허락하지 않는다.
혈통이 위대함을 대신하지 못하게 한다.
누구나 동등한 권리를 가지고 있고, 이는 앞으로도
그럴 것이다.
누구도 태어났다는 이유만으로
남 위에 서지 못하게 한다.

모든 정직한 사람은 자기 몫의 목소리를 가지며,
모든 아이에게는 배움의 문이 열려 있다.
장인匠人은 존중받고,
사기꾼과 어리석음은 용납되지 않는다.
정직한 이들의 연합이 아니라면
그 어떤 연합도 오래가지 못할 것이다.

위대함은 혈통에서 오지 않는다.
오직 정직한 인생이 위대함이다.

정치란 무엇인가

POLITICS

그 어떤 호의도, 그 어떤 화폐도
제값 이상의 것은 살 수 없다.
그러니 공포와 기만, 그리고 탐욕으로는
결코 국가를 세울 수 없다.

먼지로 먼지 이상의 것을 짓기 위해서는,
또한 인간이 능숙히 성벽을 쌓아 올릴 수 있다 해도
그 기초는 언제나 진리의 빛 위에 놓여야 한다.

예술과 미덕이 만나 그들의 설계를 펼칠 때,
뜨거운 열기를 막아주는 푸른 과수원 아래서
정치인이 밀을 심기 위해 쟁기질을 시작할 때,
종교가 사회적 가치가 되고, 의사당이 따뜻한 화로
가 될 때,

그때 비로소 완전한 국가가 도래하리라.
그때 비로소 정치는 우리 삶이 되리라.

자발성

VOLUNTARIES

누가 이 시대에 자유를 위해 모든 것을 걸 것인가?
가벼운 놀이를 끊고, 벗과 안락한 집을 떠나
굶주림과 수고와 싸움 속으로 걸어 들어갈 자는 누
구인가?

신과 인간은 그리 멀리 있지 않다.
우리의 먼지 같은 육신 곁에 위대함이 머물고 있으니,
의무가 낮은 소리로 "너는 해야 한다" 속삭일 때,
젊은이는 대답해야 한다. "나는 할 수 있다."

행복한 이는 음악의 날개에 실려
묵은 슬픔과 새로운 슬픔을 잠시 잊는다.
그러나 더 행복한 이는
감상적인 위로마저 끊어 내고
자기 내면의 진실에 기댄 자다.
그러나 신과 가장 깊은 우정을 나눈 자는,
악한 시대 속에서도 내면의 목소리에 귀 기울여
어둠과 공포 속에서도 흔들리지 않고

자신이 선택한 원칙 위에 머무는 자다.

그러니 시대를 탓하지 마라. 마음을 일으켜 세워라.
양심 앞에서 망설이지 않는 자가 곧 자유의 사람이다.
고귀함은 피할 수 없는 의무 앞에서
"하겠다"고 답하는 그 자발성 속에 있다.

정의는 패배하지 않는다

VOLUNTARIES

정의의 편에 선 자는 안다.

누가 싸우든, 누가 쓰러지든,

정의는 언제나 승리한다는 것을.

이전에도 그랬고, 이후에도 그러할 것이다.

정의와 함께 싸우는 이는, 비록 열 번을 쓰러진다 해도

신에게 왕관을 받으리라,

죽음과 고통을 넘어선 진정한 승자로서.

정의의 승리는 때로 우리의 몰락 속에 숨어 있고,

때로 우리의 환희 속에도 몸을 감춘다.

이 신성한 권리는 끝이 없고 잠들지 않으며,

온 우주에 변치 않는 힘으로 존재한다.

때로는 왜소한 모습으로 낮게 기어가는 듯 보이나,

결국 강한 자를 꺾어 버리고 빠른 자를 앞지른다.

계곡의 낮은 흙더미에서도, 높은 성채의 가파른 언
덕에서도

운명의 풀은 무성히 자라나 모든 것을 덮으리니,

분명히 말하라.

우주를 다스리는 이 법칙이야말로 참된 신이며,
모든 세속의 힘은 그 앞에서 스러지는 유령들일 뿐
이라고.

그러니 언제나 정의의 편에 자신을 세워라.
정의의 줄에 그대 생을 단단히 묶을 때,
잠깐의 몰락조차 위대한 승리의 은밀한 포석이 된다.

희생

SACRIFICE

사랑이 매달리고 이성이 들고일어났지만,
반문을 허락하지 않는 한 목소리가 들려왔다.
"진리를 위해 목숨을 걸어야 할 때 안전을 택하는 것,
그것이야말로 영원한 지옥이다."

해방의 날

BOSTON HYMN

신이 말한다.

"나는 왕들에게 질렸다. 더 이상 그들을 참지 않겠다.

아침마다 유린당한 이들의 비명이 내 귀에 들려온다.

내게 천사가 하나 있으니, 그의 이름은 '자유'다.

그를 너희의 왕으로 택하라.

그는 동서로 길을 내고 제 날개로 너희를 지켜줄 것
이다.

나는 나의 부요함을 나누겠다.

비참한 자와 노예를 불러들이겠다.

겸손한 자 외에는 아무도 다스리지 못하며,

오직 땀 흘려 일하는 자만이 소유하게 하리라.

나는 귀족을 두지 않겠다. 위대한 혈통도 인정하지
않겠다.

어부와 벌목꾼과 농부가 이 국가의 기둥이 될 것이다.

섬기는 것이 곧 고귀함이다.

도움을 되갚을 길 없는 자들을 도와라.
정의에서 한 발짝도 벗어나지 마라.

나는 너희의 속박을 부수고 노예의 사슬을 끊겠다.
이제 너희의 마음과 손은 바람과 파도처럼 자유로울
것이다.
나는 모든 이가 자신만의 가치를 발휘하게 하리라.
그의 존재와 노동이 증명하는 만큼만,
그는 세상에 기여하고 그 몫을 받으리라.

그러나 타인의 노동과 땀을 착취하여
제 배만 채우는 자는 영원한 세월 동안
빚쟁이가 되어 제 희생자에게 담보로 잡히리라.

오늘, 노예를 풀어주어라. 그래야 너희도 풀려날 것
이다.
노예에게 몸값을 지불하고 자루를 가득 채워주어라.
노예가 바로 주인이며, 그들은 언제나 주인이어야 했다.

그러니 진짜 주인에게 지불하라.

일어나라! 오랫동안 어둠 속에 앉아 있던 이들이여.
눈송이처럼 다양한 너희 인종들이여,
와서 나의 뜻을 수행하라.
이 뜻은 멈추지도 흔들리지도 않는다.
대낮이든 어둠 속이든,
나의 번개는 스스로 눈을 가지고 있어
제 표적으로 가는 길을 결코 잃지 않는다."

3.

인생의 전환점 앞에서

저들의 정원

THE PARK

부유하고 아름다운 사람들,
그들은 내 눈에
나를 사방에서 짓누르는
그 양심의 멍에를
지지 않은 듯 보인다.

나는 그 신을 결코 떼어낼 수 없다.
그는 내 목덜미에 앉아
나를 내려다본다.
거울 속 내 얼굴을 들여다보면
내 눈 속에서
그의 시선이 나를 응시한다.

저들의 정원에는
아침 안개가 더 부드럽게 흐르고,
황금은 저들의 지혜를 증명하는 듯하다.

나는 잠시 묻는다.

저들의 평온함은 축복인가,
아니면 양심이 잠든 형벌인가.
나는 멍에 없이 평온해 보이는 저들이
부러웠던 건지 모른다.
그러나 나는 안다.
이 멍에의 무게가 곧 나를 붙드는 힘임을.

그때 저 먼 산이 말했고,
저 오래된 숲이 증언한다.
밤이든 낮이든, 사랑이든 죄악이든,
모든 영혼은 결국 선을 향해 이끌려 간다고.

하루하루는 늘 선택의 결과다
DAYS

하루하루는 그저 무심한 위선.
맨발의 수도승처럼 겹겹이 싸매고 말없이,
끝없는 행렬을 이루되 하나씩 행진하며,
왕관과 장작을 양손에 들고서
사람들에게, 사람들이 원하는 선물을 내민다.
빵, 왕국, 별, 그리고 그 모든 것을 품은 하늘.

나는 울타리 친 정원에서 그 행렬을 지켜보다가,
아침의 소망을 잊은 채
황급히 몇 가지 채소와 사과를 집어 들었다.
그때, 그 하루는 말없이 돌아서 떠났다.
나는 그제야 뒤늦게,
그녀의 엄숙한 머리띠 아래서 경멸을 보고 말았다.

왕관 대신 장작을, 그렇게 나는
아침의 소망을 잊은 채, 경멸을 집어 들고 말았다.

과거는 끝났다

THE PAST

빚은 청산되었고, 판결은 내려졌다.
복수의 여신들은 잠들었고, 역병은 멈추었다.
모든 운명은 결정되었으니,
열쇠를 잠그고 빗장을 걸어라.
과거라는 죽음은 영원토록 달콤하다.

오만한 희망도, 검게 그을린 후회도, 살기 서린 증오도
이제는 그 안으로 들어설 수 없다.
모든 것은 단단히 고정되었으니,
신들조차 과거를 뒤흔들 수 없다.

금강석으로 만든 문은 닫혔고 빗장은 영원히 걸렸다.
그 누구도 다시 들어갈 수 없다.
아무리 영리한 도둑이라도, 제아무리 교활한 악마
라도,
창문이나 틈새, 구멍으로 몰래 기어들어
묶인 것을 풀거나, 부족한 것을 채우거나,
종이 한 장 끼워 넣거나, 이름을 위조할 수 없다.

이미 꾸려진 것을 새로 꾸밀 수도 없고,
이 영원한 사실을 수정하거나 고칠 수도 없다.

과거는 끝났다.
신조차 바꿀 수 없는 완벽한 사실이 되었다.
그러니 닫힌 문 앞에서 울지 마라.
오직 '지금'을 살라.

빌려온 상처

BORROWING

네가 입은 상처 중 일부는 이미 치유됐고,
가장 날카로운 고통 속에서도 너는 끝내 살아남았다.
하지만 돌아보라, 네가 견뎌온 그 많은 아픔 중에
결코 오지 않을 불행에서 빌려온 것이 얼마나 많았
는지!

인생의 전환점 앞에서

CLIMACTERIC

나이가 들었지만 절로 현명해지지 않았고,
슬픔을 겪었지만 절로 성숙해지지 않았다.
인생이 책의 첫머리에서만 맴돌고 있구나,
아! 저 책장을 넘길 수만 있다면.

이제는 책장을 넘겨야 할 때가 되었다.

모든 만남에는 그 분량이 있다

THE VISIT

"얼마나 오래 머물러야 합니까?" 하고 묻는가,

하루를 스스로 망치는 자여!

기억하라,

모든 만남에는 저마다의 분량과 정해진 리듬이 있다.

지혜로운 이들의 만남은

눈과 눈이 마주치는 그 한순간이면 족하다.

한 번의 깊은 시선이 서로의 가슴을 비워내고,

찰나의 순간이 수년을 고백한다.

눈길이 머무는 그 짧은 진실이 만남의 전부이니,

그 이상의 머무름은 이미 반복이다.

질주하는 시간은 멈추지 않는다.

제때 물러나지 않으면 후회하게 되리라.

사랑이 제 몫의 시간을 넘기면,

증오가 일어나 즉각 반발한다.

모든 만남에는 저마다의 분량이 있다.

만남은 길이가 아니라 깊이,

지혜는 떠날 때를 아는 것이다.

그 사랑이 다시 만나게 하리라

THRENODY

그는 내 것이 아니었다.
나는 결코 그를 내 것이라 부르지 않았다.
그는 대지의 후계자였을 뿐이다.
내가 만약 원망한다면,
그것은 내가 만든 것이 아니라 내가 사랑했던 것이
이토록 허망하게 찢겨 나갔기 때문이다.

이 상실은 나를 죽게 한다.
별들을 하나씩 지우며
자기 세계를 포기하는 일과도 같으니,
이것이야말로 참된 죽음이다.

그때, 깊은 곳의 마음이 내게 대답했다.
"너는 우느냐? 네 아이가, 그 아름다움이
물질의 해변에서 사라졌다고 생각하느냐?
네가 사랑한 아들을 정말 잃었다고 믿느냐?

이것을 알라.

무엇이든 탁월한 것은, 신의 생명이 그러하듯 영원
하다.

육신은 먼지가 되나 마음의 사랑은 남는다.

그 사랑이 다시 만나게 하리라.”

의지의 정체

MEMORY

네가 낮 동안 품었던 생각은 그림자가 되어
깊은 밤, 기억의 벽 위에 네 의지의 밑그림을 새긴다.
불현듯 운명들이 네 삶으로 떨어질 때,
지금까지 숨겨져 있던 네 의지의 정체가 드러난다.

낮의 생각은 그렇게 너의 미래를 움직인다.
그것이 생각의 무게다.

사실이 남는다

운명에게 목표를 거부당한 용기 있는 자에게
그 어떤 믿음이 위로가 되겠는가!
그는 하늘의 높은 뜻에
자신의 의지를 온전히 맞추되,
어떤 운명이 닥쳐오든 마음을 굳게 지켰다.
자기 손이 행한 일을 후회하지도, 슬퍼하지도 않는다.
사실 그 자체가 이미 스스로 증명하고 있기에.
마치 결코 후회하는 법 없는 대자연이
그 모든 행위를 있는 그대로 남겨 두는 것처럼.

희망의 무지개가 꺾이고 벼락이 내리쳐도
비겁한 비명도, 은밀한 눈물도 없었다.
그는 고통을 말하지 않았고, 두려움에 자리를 내주
지 않았다.
발작의 고통 중에도 그의 천재성은 여전히 빛났다.
천재가 떠나고 어리석음이 남는
이 변하지 않는 날들을 슬퍼하지 마라.
해방된 영혼이 그 창조자를 만난다면

그 끝이, 그 과정이 어떠한들 무엇이 중요하겠는가?

결과는 운명의 몫이지만,
후회 없는 사실만큼은 온전히 우리가 남긴다.

시험: 마지막까지 남는 것

THE TEST

(뮤즈가 말한다.)

나는 나의 시구詩句들을 바람에 걸어 두었다,

시간과 조수가 흠결을 찾아내도록.

모든 구절이 남김없이 시험대 위에 올려졌고,

오직 다섯 줄만이 온전히 남았다.

다섯 줄은

사납고 뜨거운 용광로를 견뎌 냈고,

뜨거운 사막 바람도 녹이지 못했고,

불은 오히려 더 맹렬한 불길로 타올랐으며,

그 의미는 칠월 한낮의 볕보다도 더 하얗게 빛났다.

햇빛은 눈雪을 더 희게 만들지 못하고,

시간도 시인의 깨달음을 파괴하지 못한다.

그대에게는 그 다섯을 알아볼 눈이 있는가,

오백 줄 가운데 살아남은 그 다섯을.

그대에게는 시간도 지우지 못할 다섯 줄이 있는가?

지성, 신성한 비정

INTELLECT

환희가 찾아와도 지성은 함께 들뜨지 않는다.
다만 그 환희의 본질을 조용히 응시할 뿐.
고통이 들이닥쳐도 지성은 같이 아파하지 않는다.
진실을 말하자면,
그 고통이 품은 진리의 조각에만 관심을 둘 뿐이다.

감정이 폭풍처럼 들이닥칠 때 기억하라,
지성의 이 신성한 비정함을.

그 인색한 계산 앞에서
BLIGHT

나에게 진리를 달라.
나는 겉모습에 지쳤고,
삶의 깊이가 메말라 죽어가고 있다.

만약 내가 숲의 약초들, 그 흔한 풀들을
이름이 아니라, 제대로 안다면,
평범한 대지로부터 미지의 생명력을 빨아들이는
그 희귀하고 영험한 뿌리들,
그들의 향기를 알아채고
그 생명력을 인간의 몸과 삶에 닿게 하여
벗과 원수의 상처까지 치유할 수만 있다면,
아, 그것만으로도 충분하리라.
그러나 우리 언덕을 침입하는
저 젊은 학자들은 자신이 낸 좁은 길로만 다닌다.
그들은 꺾은 꽃을 사랑하지도, 알지도 못하며,
그들이 배운 식물학은 오직 라틴어 이름뿐이다.
옛사람들은 꽃 속에서 마법을 읽었고,
천문학에서 인간의 운명을 보았으며,

화학에서 전능함을 발견했다.
그들은 이름보다 본질을 택했다.
그들은 세계가 하나로 연결되어 있음을 믿었고,
맑은 시선이 닿는 곳마다 근원적인 '하나'의 발자취
를 찾아냈다.

우리의 눈은 학문의 도구로 더욱 날카로워졌지만,
정작 별들에게는 이방인이다.
짐승과 식물, 광물 앞에서도
우리는 여전히 이방인일 뿐이다.
상처 입은 만물은 우리에게 말한다.
"네가 찾는 것은 우리 안에 없다."
우리는 사랑이 아니라 이익으로 다가갔고,
대지의 마음이 아니라 당장 배를 채울 몫만을 요구
했다.
그래서 대지는 탐욕스러운 노동의 대가만 내어줄 뿐,
사랑과 노래가 빚어내는 풍요,
인간과 지구가 연인이 되어 나누는 신성한 결실은

감추어 버린다.

그리하여 우주의 약탈자가 되어 버린 우리는
점점 얇은 껍질 밖으로 밀려나 창백히 굶주려 간다.
그래서 병들어 버린 우리 눈에는
그저 그렇게 자랐을 뿐인 나무조차 병든 듯 보이고,
여름은 짧아 보이며,
어떤 것도 제때 제 몫을 다하지 못하는 듯 보인다.
삶은 주어진 시간을 온전히 펼치지도 못한 채,
가장 충만해야 할 순간에도 패배한다.
끝내 속았음을 깨닫고 분노 속에 스러진다.
인생이 가장 한창일 때조차
거지 아이처럼 인색하게 아끼고 움츠러들며,
가장 높은 목표와 야망을 좇는 순간에도
우리는 문득 손을 멈춰 버린다.
위대한 낙하 앞에서 얼어붙어 버린 폭포처럼,
장난감 하나와 인생 전체를 놓고 저울질하는
그 인색한 계산 앞에서.

4.

두려워 마라, 네가 설계자다

무덤 위에 발을 들이지 마라

TO J.W.

무덤 위에 발을 들이지 마라.
포도주와 장미가 들려주는 말을 들어라.
산에서의 사냥, 여름 바다의 파도,
사람으로 붐비는 도시, 그 모든 곳이
네 발걸음을 붙잡고도 남는다.

무덤 위에 발을 들이지 마라.
자비로운 시간과 자연이 이미 허락해
숭고한 현자의 오류를 조용히 감싸 두었거늘,
굳이 그 수의를 풀어 헤치려 하지 마라.

무덤 위에 발을 들이지 마라.
죽은 자의 슬픈 장식품과 그가 남긴 훈장을
그의 몸에서 억지로 떼어 내려 하지 마라.
가서, 그가 살아 있을 때
스스로 얻어냈던 자리에서 그것들을 구하라.
땅을 파든, 바다로 잠수하든,
망설임 없이 네 몫을 캐내라.

삶은 너무 짧다.
남을 엿보는 비평이나 짖어대는 냉소,
다툼과 꾸짖음에 허비하기에는.
곧 어둠이 찾아올 것이다.

일어나라,
네가 겨냥한 목표를 바로 보고.
그 과녁을 향한 여정에
신께서 힘과 속도를 더해 주시길.

하루의 몫

THE DAY'S RATION

내가 태어났을 때, 운명은 힘의 바다에서
한 잔을 가득 채워주며 내게 말했다.
"이게 네 몫이다, 아이야. 이 잔에서 너는 날마다
네 몫을 길어 올리게 될 것이다.
백합보다도 작은 이 잔으로 더도 말고, 덜도 말고, 딱
이만큼만."

시간이라는 교활한 화학자는
모든 것을 녹여 내 삶의 술로 빚는다.
친구와 적, 기쁨과 불행, 아름다움과 혐오까지도.
내가 화가 나 있든, 만족하든, 빚졌든, 모욕당했든,
사랑받든, 상처 입든,
그는 그 모든 것을 증류해 내 작은 잔을 가득 채운다.
그러나 아아, 얼마나 잔이 작은지,
얼마나 많은 것이 사막의 모래 위로 흘러가 버리는지
시간은 전혀 신경 쓰지 않는다.

오늘도 친구들이 찾아오고, 매시간 책이 배달되고,

천재들의 빛나는 글들이 도착하지만, 이 작은 잔은
구슬 하나만큼도 더 담지 못한다.
한 단어로도 충분한데 왜 나는 이 많은 책을 원하는가?
거장의 제자가 연습 삼아 그린 습작 하나만으로도
나의 이해가 차고 넘치는데 왜 나는 미술관을 헤매
는가?
내 집 안에 있는 생각과 사물의 바다조차 건너지 못
하면서,
왜 저 멀리 이탈리아를 찾고 있는가?

내 작은 잔으로는 한 단어로도,
지금 여기로도 충분한 것을
나는 지금 내 곁에 있는 것들을
그렇게 천일 동안 미루고만 있구나.

박새 선생

THE TITMOUSE

눈에 길이 막힌 숲에서 피가 식어가는 것을 느꼈다.
동서남북 어디에도 피할 길은 없었다.
그때, 칙-칙-아-디-디.
한 작은 생명이 거대한 죽음 앞에서
장난치듯 맞서고 있었다.
회색 조끼를 입고 사나운 북풍 속에서.
그때 나는 깨달았다, 용기는 크기에서 나오지 않는
다는 것을.
우리가 비겁해진 이유가
우리 자신을 너무 크게 만들었기 때문임을,
잃을 게 너무 많아진 탓임을.
용감해지려면
우리는 박새처럼 낮아지고 작아져야 한다.
그때야 비로소 그 작은 노래가 승전가로 들릴 것이다.

인생은 가볍게

MERLIN'S SONG

인생의 먼 길을 가늠해 보려거든,

무엇보다 가장 가벼운 짐을 들어라.

가진 것이 적을수록 나눔이 더 자유롭다.

그러니 경계하라, 무거운 금과 욕망을 짊어지고

과업을 이루기도 전에 비틀거리지 않도록.

오직 짐을 가볍게 한 자만이 인생의 험한 산을 오른다.

진정한 부富는 소유가 아니라 '쓰임'에 있고,

살아있는 건강이 가장 고귀한 예술이다.

그러니 햇살 아래 살며, 거친 공기 속에서 생명력을
마셔라.

사람의 병을 고치는 가장 깊은 음악은

마음에서 우러난 다정한 말 한마디다.

지혜는 유머로 가리고, 삶은 놀이처럼 대하되

과녁의 한가운데를 꿰뚫는 예리함은 잃지 마라.

모든 지혜의 쓰임 중 으뜸은,

지혜 없는 자와도 기쁘게 살아가는 일이다.

신중함이라는 미덕에 관하여

어떤 시인도 즐겨 노래하지 않는 주제,
노인에겐 아름답지만 젊은이에겐 추해 보이는 그것.
사소한 것의 힘을 무시하지 마라,
예술은 늘 그 사소한 것 위에, 조심스럽게 서 있다.
저 완벽한 구球의 장엄함은 언제나
서로 결합해 있는 원자들에게 감사하고 있다.

그러니 작고 사소한 것에 신중하라.

그대가 예술가라면

ARTIST

그대의 익숙한 오두막을 떠나라.

더 크고 깊은 세계로 걸어 들어가라.

사람들은 그대를 두고 떠들 것이다. 그러나 개의치 마라.

더 큰 정신들 앞에 설 때,

그대 안의 본질은 선명해지고 길은 단순해진다.

거목들이 우뚝 선 숲일수록

사냥꾼은 더 쉬운 길을 찾아내는 법이다.

그러니 그대의 작은 생각에 안주하지 마라.

웅변, 나의 무기

ORATOR

손이 없으니, 혀를 쓸 수밖에.
여우가 영리한 까닭은
강하지 않기 때문이다.

두려워 마라, 네가 설계자다

EXPERIENCE

인생의 주인들,

삶을 좌우하는 힘들이

지나가는 것을 보았다.

각자의 얼굴을 하고, 때로는 익숙하게, 때로는 험악

하게.

굳어진 습관과 뜻밖의 돌발상황,

겉으로 드러난 현실과 내면의 꿈,

쉴 새 없이 이어지는 변화와 실체 없는 불안과 죄책감,

아무 말도 없이 삶을 끌고 가는 기질,

그리고 이 모든 판을 짜고도

끝내 이름을 드러내지 않는 설계자.

그 거대한 힘들의 다리 사이에서

작은 인간은 길을 잃고 어리둥절 서 있다.

그때, 강인하고 다정한 자연이

그의 손을 잡고 조용히 말한다.

"두려워 마라. 저들은 너의 주인이 아니다.

내일이면 또 다른 얼굴로 나타날 것이다.

기억하라, 이 모든 판을 짠 이는 바로 너다.
저들은 네가 만들어낸 얼굴들일 뿐이다.”

그러니 상황에 휘둘리지 마라.
운명은 너의 거울,
네 마음이 운명의 얼굴을 결정한다.

신과 나 사이

WORSHIP

이 존재가 바로 그다.
쓰러져도 상처 하나 없이 다시 일어서는 자,
팔려 가도 그를 가둘 창살 없고,
바위에 봉인되어도 산의 사슬을 푸는 힘.
사람들은 그를 '운명'이라 잘못 부르지만,
그는 어둠 속을 도는 듯하나 언제나 제때 도착해
진실에는 왕관을, 그릇된 힘에는 몰락을 선사한다.
그는 그대가 '내 것'이라 부르는 것보다 더 가까우나,
우리는 그를 좀처럼 알아보지 못한다.
그는 가장 가까운 존재이나,
타인의 맑은 눈빛 속에서야 문득 드러난다.
이 존재가 바로 신,
구걸하는 기도에는 응답하지 않으나
당당히 걷는 자의 발치에는 소리 없이 축복을 내려
놓는 자.
자, 할 수 있다면 그 신비한 선을 그어보라.
그의 것과 그대의 것을 정확하게 나누는 그 선을.
어느 것이 인간의 것이고,

어느 것이 신의 것인지.

그렇게, 너는 늘 선을 긋고 있다.
신과 나 사이를 가르는 그 선은, 언제나 너의 선택이
었다.

항해자

NORTHMAN

너를 모래사장으로 내던져버린 그 돌풍이,
나의 선원들에겐 끝까지 노를 젓게 하는 힘이다.
폭풍이야말로 나의 가장 유능한 항해사,
내가 가고자 하는 곳으로 나를 몰아붙인다.

그러니 폭풍이 온다고 떨지 마라.
그 거센 힘이야말로 너의 것이다.

경계의 신

TERMINUS

이제는 늙어야 할 시간, 돛을 거둬야 할 시간.
바다에 해안을 만드는 경계境界의 신이
필연적인 순찰 중에 내게 와서 말했다.

"더 이상은 안 된다!
그대의 광활하고 야심 찬 가지들을,
그대의 뿌리를 더는 뻗지 마라.
상상의 불꽃도 이제는 물러났으니,
그대의 하늘을 천막만 한 크기로 줄여라.
모든 걸 다 하기엔 가진 것이 부족하니, 둘 중 하나
를 선택하라.
줄어드는 강물을 아끼되, 그것을 준 존재를 잊지 마라.
다수를 버리고 소수를 붙잡아라.
때에 맞춰 지혜롭게 이 조건을 받아들이고,
조심스러운 발걸음으로 하강의 충격을 완화하라.
새로운 싹을 탐하기보다 이미 맺힌 열매를 익게 하라.
만약 누군가를 원망하고 싶다면,
차라리 타고난 힘의 부족함을 탓하라."

이제 새가 돌풍에 맞춰 깃털을 고르듯,
나 또한 시간의 폭풍 앞에서 나를 정돈하노라.
내가 키를 잡고, 돛을 접으며
청년의 새벽에 복종했던 그 목소리에
황혼의 지금 다시 복종하노라.
"낮은 곳에서 성실하라, 두려움을 내쫓으라,
흔들림 없이 곧장 앞으로 나아가라.
항해할 가치가 충분한 그 항구가 가까이 있고,
밀려오는 모든 파도는 마법에 걸린 듯 평온하리니."

5.

운명: 네 안의 거인에게 응답하라

오직 스스로 서라

SURSUM CORDA

정신이 그대의 열망에도 끝내 응답하지 않는다면,
애써 찾으려 들지 마라.
떨고 있는 자여, 하소연하거나 스스로 책망하지 마라.
그대 자신 또한 엄연히 실재하는 존재 아닌가.

구차한 변명을 늘어놓으며 몸을 굽히지 말고,
"너는 부족하다"고 속삭이는 그 목소리를 향해
정면으로 돌아서서 말하라.

"나 여기 있노라.
나는 이곳에 머물며
영원토록 나 자신에게 정직하리라.
거룩한 하늘이여,
가고자 하면 가라, 머물고자 하면 머물라."

그대는 엄연히 실재하는 존재 아닌가.
스스로 선 영혼은, 하늘의 판단을 기꺼이 받아들인다.

봄은 돌아온다

MAY-DAY

이것은 하나의 소리이며, 하나의 징표다.
대리석 같은 깊은 잠이 깨어났고
만물 위로 이미 변화가 지나갔다는 신호다.
보라, 봄은 제 시간을 앞질러 달려오지 않으며,
취한 듯 무모하게 날뛰지도 않는다.
그녀에게는 신적인 절제가 머물고 있다.
그런데 왜 너는 그토록 더디냐며 봄을 꾸짖느냐?
들판의 저 작은 새들과 풀들도 다 알고 있는 것을,
어찌하여 너의 영리한 이성만은
태양이 이미 돌아섰음을 보지 못하느냐?
세상은 다시 돌아간다. 의심하지 마라.
자연은 얼어붙은 땅만 녹이는 것이 아니다.
우리의 마음과 정신을 새로 빚고,
내면의 게으름을 흩어버리며,
흐려진 눈을 다시 태양처럼 맑게 씻어낸다.
봄은 조용히, 그러나 쉼 없이
삶의 깊은 곳까지 스며든다.
나쁜 것을 선한 것으로,

더 나은 것을 더 높은 것으로 이끈다.
그녀가 대지에 심은 지혜의 씨앗은
땅에서 익고, 하늘에 이르기까지 사라지지 않는다.

인생의 봄은 늘 제시간에 돌아온다.
태양은 이미 우리를 향해 고개를 돌렸다.

숲에서 우리는 다시 자유인이 된다

THE ADIRONDACS

도시의 소음은 이 바위에 닿지 않는다.

여기에는 투표를 재촉하는 벽보도,

방문을 알리는 초인종도 없다.

편지도 오가지 않고, 무언가를 사고파는 소란도 없다.

서리가 내려도 망칠 농사가 없으며,

비가 내려도 실망할 휴일이 없다.

우리는 비로소 숲의 법 아래 자유인의 신분을 얻었다.

자연이 하는 것 외에는 아무것도 시도하지 않기로 하며,

자연의 목적에 맞게 우리 자신을 다시 맞춘다.

책상과 의무를 수십 리 뒤에 버려두고

야생의 거대한 계단을 오르기 시작할 때,

삶의 짐은 소리 없이 떨어져 나갔다.

숲속에서 우리는 잠시 쉬어가는 손님이 아니라,

제자리를 찾은 자유인이 된다.

불필요한 것을 내려놓을 때 비로소 자유가 온다.

숲은 선생이다

THE ADIRONDACS

숲에서는 도시의 교양도,

화려한 말솜씨도 통하지 않는다.

지위는 뒤집히고 계급은 해체되며,

붉은 셔츠 하나가 사람의 진짜 실력을 냉정하게 가른다.

노를 쥐는 법도, 시간을 읽는 법도 우리는 모른다.

이곳에서 진실은 가식과 허세를 조용히 시험대에 올린다.

숲은 구구절절 설명하지 않는다.

다만 묵묵히 과업을 던져주고,

할 수 있는 자와 입만 산 자를 단호히 가려낼 뿐이다.

우리는 세상에서 박사였으나 여기서는 그저 학생일 뿐이다.

허울은 이곳에서 통하지 않는다.

진실 앞에서 우리는 비로소 자기 자신을 알게 된다.

지혜는 가식과 허세가 벗겨진 자리에서 자라난다.

자연은 문명을 미워하지 않는다
THE ADIRONDACS

깊은 숲속에서 우리는 새로운 소식을 들었다.

심해의 어둠을 뚫고 전선이 놓였고,

대륙과 대륙이 하나의 불꽃으로 연결되었다는 소식.

그 기쁨은 도시에서보다 여기 숲에서 더 컸다.

마치 거대한 바위와 호수, 나무들마저

인간이 일궈낸 그 기적을 알아본 듯했다.

자연은 문명을 미워하지 않는다. 다만,

그 문명이 자신의 근원을 잊지 않기를 요구할 뿐이다.

문명이 자연의 결을 거스르지 않을 때,

기술은 약탈이 아니라 봉사가 된다.

열매를 누가 수확하는지는 중요하지 않다.

인류가 그 결실로 다시 일어설 수 있다면, 그것으로
족하다.

우리의 불은 신에게서 훔쳐낸 것이 아니라,

처음부터 신에게 배운 것이다.

자연 안에 깊이 뿌리내린 문명만이

인간을 더 먼 곳으로 데려간다.

운명: 네 안의 거인에게 응답하라
FATE

운명은 인간의 깊은 곳에 단단히 자리 잡고 있으며

그가 하는 모든 선택과 행동을 통해

비로소 그 크기를 드러낸다.

역사의 거인 크롬웰조차

처음부터 자신의 크기를 알았던 것은 아니다.

그는 그저 일하고, 꾀하고, 싸우며

세상의 강자들 사이에서 자신의 힘을 증명했을 뿐
이다.

수없이 흔들리고, 의심하고, 두려워하며

현장을 누빈 시간 끝에 그는 비로소 깨달았다.

이 땅에 자신과 겨룰 적수가 없다는 것을.

그는 구름 위의 신에게 복종한 것이 아니다.

자신의 부름에 스스로 응답하며

내면에 숨어 있던 거대한 힘을 뒤늦게 확인했을 뿐
이다.

미래를 예감하는 힘과

그 미래를 만들어내는 힘은 결국 하나다.

네가 기다리는 내일은 밖에서 오는 우연이 아니라

이미 네 안에서 자라고 있는 필연적인 방향이다.

운명은 하늘이 내린 계시가 아니라
네 안의 거인이 가리키는 방향이며,
그 방향을 향해 오늘 네가 응답한 결단이다.

힘의 조건

POWER

의지가 바로 선 심장은 스스로 왕좌가 된다.
그 자리에서, 말은 음악처럼 흐르고,
손은 제 솜씨를 정확히 발휘하고,
얼굴은 내면의 아름다움을 드러낸다.

힘이란, 의지가 중심에 바로 설 때
비로소 드러나는 전체의 조화로움이다.

인격이란 무엇인가

CHARACTER

태양은 저물었으나, 그의 희망은 지지 않았다.

별들이 깨어 떠올랐으나, 그의 믿음은 그보다 먼저
깨어 있었다.

거대한 은하를 바라보는 그의 눈은

우주보다 더 깊고 오래된 것처럼 빛났고,

그의 숭고한 인내는 말없이 흐르는 시간처럼 묵묵히
버텼다.

그가 말하자, 단비처럼 스며드는 말들이

사람들 안에 잠들어 있던 고결함을 다시 깨웠다.

그의 행동은 설명을 불허하는 경외심을 남겨

그 위업의 크기를 재려는 마음조차 멈추게 했다.

지지 않는 희망, 깨어 있는 믿음,

시간과 견줄 만한 인내.

그것이 곧 인격, 고요히 세상을 깨우는 힘이다.

최고의 인간

CULTURE

규칙이, 가정교사가 길러낼 수 있겠는가,
우리가 기다리는 최고의 인간을.
그는 세계의 선율에 예민해야 하고,
미세한 떨림에도 섬세하게 반응하며,
풍경과 하늘이 인간을 빚는 힘에 깨어 있어야 한다.
타인의 눈빛이 전하는 영혼의 접촉에도
부드럽게 응답할 수 있어야 한다.
그러나 그는 자신의 중심에 단단히 뿌리내려,
과거를 미래 속에 부어 녹이고
세상의 흘러가는 운명들을
자기만의 형식으로 다시 빚어내야 한다.

그러니 세상을 흉내 내지 마라. 모방은 자살이다.
남의 기준에, 지난 과거에 매이지 마라.
너만의 중심으로 너만의 미래를 빚어라.
세상을, 너의 틀 안에서 다시 빚어내라.

철학자

PHILOSOPHER

철학자의 내면은 수많은 눈으로 가득 차 있고
그가 쌓은 철학은, 끝내 인간을 해체해 버린다.
사랑에 빠진 순간에도
뺨에 붉은 기가 채 돌기도 전에, 그는
눈을 안으로 돌려 심장의 본능을 억누르려 한다.

세상에 하나뿐인 벗, 어머니가 세상을 떠났을 때
눈물 몇 방울 흘러내렸지만 그의 철학은
고양이처럼 등 뒤에 웅크려 앉아 지켜보다가
터져 나오려던 슬픔의 숨통을 끊어 놓았다.
그것은 포옹이 끝나기도 전에 짝을 잡아먹는
악마 같은 거미와 무엇이 다른가.

그러나 삶은 이성만으로 살아지지 않는다.
삶의 중심은 이성이 아니라 살아 있는 영혼.
영혼은 어떤 한계도 받아들이지 않는다.
이성이 영혼의 목을 조를 때, 철학은 인간을 잃는다.

영혼의 밀알

INTELLECT

124

생각의 별들을 제 갈 길로 날려 보내라.
생각은 혼자 빛나기 위해서가 아니라
닿아야 할 곳으로 가기 위해 태어난다.

씨 뿌리는 자가 들판에 씨앗을 뿌리듯,
그대, 지성의 밀알을 아낌없이 나누라.
그대가 나눈 생각 한 줌, 문장 하나가
누군가의 영혼을 깨우는 씨앗이 될 것이다.

약속: 이어지는 아침

PROMISE

수만 번 먼 곳으로 옮겨 심은 어린 가지 끝에서
본래 나무의 열매가 다시 맺히듯,
새로 태어나는 수백만의 생명 속에도
인간의 온전한 형상은 매번 다시 주어진다.
그렇게 우리는 새로운 아침 앞에서
자신만의 새로운 생명으로
자기만의 이유를 살아가야 한다.

끊임없이 돌아오는 이 아침이,
자연이 우리에게 건네는 약속이다.

6.

빛날 때도, 어두울 때도,
너는 이미 충분하다

빛날 때도, 어두울 때도
MUSKETAQUID

교양 있는 이들은 나를 무례하다 여겼고,
위대한 자들은 나를 굴복시키려 했으나
헛수고였다.
나는 여전히 광야의 버드나무, 나를 휘게 한 바람조
차 사랑한다.
내 모든 상처는 정원의 삽 한 자루로 치유된다.
숲길을 걷는 것, 야생 포도를 찾는 일,
지빠귀의 노래와 장미 한 송이,
바위틈에 핀 매발톱꽃 하나가 나의 가장 깊은 상처
를 치유한다.

숲의 신들이 내 귀에 속삭였다.
"너는 우리의 방식을 사랑하느냐?
우리처럼 잠잠히 누워 있을 수 있느냐?
자존심을 버리고 자연처럼
겨울밤의 식어 버린 침묵 속으로 들어갈 수 있느냐?
지금은 빛나지만, 이내 어둠에 잠길 수 있느냐?
그렇게 숨어 있을 때조차

자신이 결코 부족한 존재가 아니라고 느낄 수 있느냐?
보라, 모두가 숭배하는 달이 시선을 끌 때,
강과 언덕, 나무줄기와 잎사귀들은 어둠에 묻힌다.
그러나 그들은 아무도 시기하지 않으며,
또 그 누구만 부러움의 대상이 되지도 않는다."

보라, 무엇이든 이미 그 자리에서 온전하다.
빛날 때도, 어두울 때도, 너는 이미 충분하다.

숲의 고독

WALDEINSAMKEIT

숲은 나의 충실한 벗,
신처럼 나를 있어야 할 곳으로 이끈다.
가련한 필멸자들의 도시는
기괴한 걱정거리들로 사람을 비웃고,
그 화려함은 빛이 바래고, 달콤함은 이내 입에 물리고,
즐거움은 단지 슬픔의 가면일 뿐이다.

그러나 고요하고 엄숙한 풍경 속에는
말없이 우리를 단단하게 하는 유익이 머물고 있다.
고요한 절제 속에 깊은 기쁨을 감춘 채,
숲의 심장은 참으로 환희로다.

들판이나 바위 앞에
책에서 주워 온 관념들을 가져오지 마라.
작가의 눈은 책에 남겨 두고,
그대 자신의 눈을 가져오라,
이 풍경의 얼굴에 용감하게 맞서기 위하여.

이곳에서는 망각이 곧 그대의 지혜이며,
걱정을 잠재우는 것이 그대의 절약이다.
이러한 숭고한 게으름이
그대의 모든 비천한 일들 위에
조용히 왕관을 씌워주리라.

그러니 때로는 세상을 잊어라.
숲의 고독은 도피가 아니다.

변화라는 법 앞에서

ILLUSIONS

흐르고, 흐르네, 미워하고 저주하면서도 숭배하는

변화라는 이름의 파도여.

그 어디에도 닻을 내릴 곳이 없다.

잠도 끝이 아니고, 죽음도 단절이 아니다.

태어난 집, 청춘의 친구들, 낮의 노고와 그 보상들조차

모두 전설처럼 흩어져 간다. 붙들 수 있는 것은 없다.

저 하늘 위 영원해 보이는 별들조차

사실은 번쩍이는 번개나 반딧불이의 비행처럼 덧없는 것.

그러나 보라, 변화하고 흐르려는 그 분투 속에서

기체가 고체가 되고, 형체 없던 것이 다시 형상을 얻는다.

이 끝없는 뒤엉킴이 곧 세계의 법이다.

그 끝없는 변화의 물결 위에 올라탄 자만이

비로소 알게 된다.

그 뒤엉킴 속에서 힘이 자라고,

지속성이 생겨난다는 것을.

고정과 불변은 환상,
변하지 않는 것은 없다. 그것이 곧 세계의 법.
힘은 변화의 법칙 위에 올라탈 때 비로소 지속된다.

어제, 내일, 오늘

HERI, CRAS, HODIE

134

과거는 지나갔기에 빛나 보이고,

미래는 오지 않았기에 밝아 보인다.

그 사이에서, 오늘은 늘 초라한 얼굴로 뒷걸음질 친다.

그러나 기억하라, 외로운 현재여!

과거와 미래가 감추어 둔 그 어떤 비밀도

네가 품은 비밀보다 더 풍요로울 수 없음을.

너의 오만

LIMITS

누가 이것저것을 안다 하는가?

벽 속에서 찍찍거리는 쥐 소리를 들어보라.

세상이 시작된 이래, 그 녀석은 쉼 없이 무언가를 갉아왔다.

그놈의 지혜에 대해, 기만술에 대해 너는 아는 것이 있는가?

그 가련하고 작은 짐승에게도

생명과 심장이 있고, 자식과 부모가 있다.

결실을 맺는 들판, 해와 달과도 결코 무관하지 않은 존재다.

그렇다면 너는 무엇인가?

그 짐승의 눈이 사악해 보이는 건

너의 잔인함을 되비추기 때문이다.

너의 그 눈빛이 오만이라는 너의 한계다.

식물학자에게

BOTANIST

그대는 그대의 박식한 과업으로 돌아가라.
나는 봄의 꽃들 곁에 머물겠다.
그대는 지나간 세월에 물어보라,
다가올 시간이 내게 무엇을 가져다줄지를.

그러나 나는 아직 오지 않은 내 삶을
지나간 시간에 맡기지 않겠다.
어제가 오늘을 결정하게 두지 않겠다.
지금 이 순간이 내게 요구하는 것을,
나는 지금, 여기서 기꺼이 감당하겠다.

시인

POET

불꽃 같은 사상은 언제나
소박한 언어 속에 있다.
천재는 늘 보잘것없는 잡초 속에
신성을 숨겨둔다.

시인은 화려한 언어를 쓰지 않는다.
잡초 속에서 진리를 알아보고
평범한 것에서 불꽃을 발견하는 것.
그것이 천재의 미덕, 인생을 읽는 예술이다.
네 곁의 것을 가벼이 보지 마라.

좋은 소식

LETTERS

매일 배 한 척이 들어온다,
배마다 소식 하나씩을 싣고서.
자기를 신뢰하기에, 두려움이 없는 이들에게
그것은 언제나 다행한 일이다.
바다를 바라보며, 확신에 찬 이들은 안다.
저 배가 실어 오는 소식이
자신이 간절히 듣고자 했던 바로 그 말임을,
아니, 그 어떤 말이 오든 그것은 자신의 몫임을.
자신을 믿는 자에게 나쁜 소식이란 없다.

부란 무엇인가

WEALTH

아득한 옛날, 생명 없는 행성 위로
별들만 공허하게 떠돌 때,
보이지 않는 손에 이끌린 이끼와 이름 없는 씨앗들이
수억 년의 인고를 견디며 바위를 깎아 흙을 만들고,
거대한 숲을 짓눌러 석탄과 금속의 잠을 깨웠다.
누구도 보지 못한 그 침묵의 시간 속에서 대지는
황금빛 밀밭이 출렁일 날을 예비하며 인내한다.

그 모든 자원이 쌓여 산을 이룬다 해도,
현명하게 선택하는 '의지'가 도착하기 전까지는
그저 쓸모없는 진흙과 혼돈의 더미일 뿐.
마침내 지혜가 나타나
혼돈 속에서 질서의 실을 뽑아낼 때,
비로소 신전이 솟고, 마을이 세워지며, 예술의 전당
이 열렸다.

이제 거친 폭풍은 베를 짜고, 급류는 바퀴를 돌린다.
증기기관의 강인한 어깨와 전선의 떨림은

오래전 시인이 꿈꾸었던 이상을 현실로 만든다.
이 거대한 물질의 흐름을 움직이는 단 하나의 힘,
그것은 자연의 거친 힘을
아이 같은 순수한 양심에 묶는 능력이다.

자원은 수억 년 동안 자연이 만들었다.
문명은 현명한 의지가 세워 올렸다.
그러나 부富는 아이의 양심이 완성한다.

땅의 노래: 누가 땅을 자기 것이라 하는가
HAMATREYA

그들은 자기 농장을 거닐며 말했다.
"이건 내 것이다. 내 아이들의 것이며, 내 이름의 것
이다.
내 나무들 사이로 부는 서풍 소리는 얼마나 달콤한가!
맑은 물과 갈대들은
우리 집 강아지처럼 나를 알아보는 것 같다.
단언컨대, 내 모든 행동에는 이 흙의 향기가 배어 있다."

이 사람들은 지금 어디에 있는가?
자기 땅 아래에 잠들어 있다.
지금은 그들만큼이나 집착 강한 낯선 이들이
그 고랑을 갈고 있다.

대지는 꽃으로 웃는다, 오만으로 가득한 아들들을
바라보며.
자기 것이 아닌 땅을 자랑스러워하는 자들,
쟁기는 몰았으되 무덤은 피하지 못한 자들을.

그들은 경계 안의 모든 것을 탐냈다.
"여긴 목초지로 알맞고, 저긴 내 정원이지.
이 땅은 참 좋군, 남향으로 반듯하게 놓여 있지.
바다를 건너갔다 돌아와도,
떠날 때 두고 간 그 자리에
변함없이 남아 있는 이 땅을 발견하는 건 얼마나 좋은가!"

아아! 들떠 있는 주인은 보지 못한다.
자신을 땅의 소유로 내던져버릴 죽음을.

이제, 땅의 노래를 들어라.

"내 것과 네 것이라? 아니다. 내 것이다, 네 것이 아니다.
땅은 남고, 별들은 머문다.
해안은 오래되었으나, 그곳을 걷던 인간들은 어디 있는가?

변호사의 증서는 영원을 약속했고 법은 상속을 보
장했으나,
상속인들은 어디 있는가?
그들은 홍수의 거품처럼 사라졌다.
변호사도, 법도, 왕국도 말끔히 쓸려 나갔다.

그들은 나를 자기 것이라 불렀으나,
모두 머물고 싶어 했을 뿐 결국 떠나갔다.
그들은 나를 단 한 줌도 붙들지 못했으나,
나는 그들 모두를 땅속에 붙들고 있다.
그런데 어찌 내가 그들의 것이라 말하는가?”

이 땅의 노래를 들었을 때, 나는 더 이상 오만할 수
없었다.
나의 탐욕은
무덤의 냉기 속에서 욕망이 식듯 차갑게 식어 버렸다.

에머슨의 생애

1638년 매사추세츠에 상륙한 토머스 에머슨은 영국 하트 퍼드셔 출신이었다. 그는 정착 직후 입스위치의 '하트브레 이크 힐' 경사면, '레이버 인 베인' 개울 근처에 집을 한 채 지었다. 때때로 '성자의 휴식처'라 불린 이 집은 지금까지 도 그 자리에 남아 있다. 랠프 월도 에머슨은 그의 6대손 으로, 1803년 5월 25일 보스턴의 서머 스트리트에서 태어 났다.

그는 보스턴 제일교회의 목사였던 윌리엄 에머슨의 셋 째 아들이었다. 그의 조부인 윌리엄 에머슨 역시 콩코드의 애국적인 목사로, 독립전쟁이 발발했을 때 군종 목사로 복무하다 순직한 인물이었다. 에머슨의 어머니 루스 해스 킨스는 1811년 남편을 잃고 홀로 어린 아들 다섯을 키워 야 했다. 아이들은 모두 공부를 좋아하는 성향이었으며, 그중 넷은 라틴 스쿨을 거쳐 하버드 대학교를 졸업했다.

어머니 루스는 온화하고 품위 있으며 경건한 성품의 소유
자였다. 그녀는 매우 어려운 형편에서도 아들들을 지혜롭
고 훌륭하게 키워냈으며, 아들들로부터 깊은 사랑을 받았
다. 남편의 의붓아버지였던 콩코드의 리플리 박사는 그녀
를 도우며 아이들을 꾸준히 '올드 맨스Old Manse(에머슨 가
문의 옛집)'로 초대했다. 덕분에 콩코드 강변의 숲과 들판
은 아이들에게 놀이터가 되어 주었고, 나중에는 '깨어나
는 상상력'이 꿈을 펼치는 배경이 되었다.

소년 시절

도시에서 태어난 에머슨은 시와 고전 산문에서 즐거움을
느꼈다. 다른 소년들이 낚시에 열중하듯, 그는 본능적인
이끌림에 따라 지적인 세계로 향했다. 시골에서 보낸 방
학 기간은 이러한 지적 탐구에 자연에 대한 깊고 큰 사랑
을 더해주었다. 그의 초기 시들을 보면 고전적인 이미지들
이 뉴잉글랜드 숲의 풍경 속에 조화롭게 녹아들어 있음
을 알 수 있다. 아주 어린 시절부터 그는 밀턴John Milton,
포프Alexander Pope, 스콧Sir Walter Scott 같은 대가들에게
자극받아 시를 쓰는 습관이 있었으며, 친구들과 함께 헛
간이나 다락방에서 서로에게 시를 낭독해 주며 즐거워하
곤 했다. 그는 늘 생각과 공상으로 가득 차 있었기에, 본능
적으로 펜을 들어 그것들을 적어 두곤 했다.

하버드 시절

대학 시절 에머슨은 전형적인 모범생은 아니었다. 에세이와 웅변 부문에서 상을 받기도 했으나, 수학에는 재능이 없었으며 고전 문학도 문법적 분석보다는 문학적 감상을 위해 읽었다.

하지만 에머슨이 자신의 미래를 위해 누구보다 시간을 유익하게 썼다는 점에는 의문의 여지가 없다. 그는 본능적으로 정규 교과 과정 밖의 책들을 폭넓게 읽었으며, 특히 자신의 영혼에 직접 말을 건네는 작품들을 애독했다. 그는 이미 일기를 쓰는 습관을 지니고 있었는데, 단순한 사실이 아니라 그날그날 얻은 사유와 영감을 중심으로 기록했다. 종종 좋은 이야기나 인용구, 그리고 자신이 직접 쓴 시의 파편들을 그곳에 남기기도 했다.

교사 생활과 사상의 태동

1821년 하버드 대학교를 졸업한 에머슨은 가문의 전통을 따라 목사가 되기로 결심했다. 한편, 그 준비를 하는 동안 형 윌리엄이 보스턴에 세운 젊은 여성들을 위한 학교에서 가르치며 가계를 도왔다. 당시 교장이었던 형은 21세, 보조 교사였던 에머슨은 19세에 불과했다. 에머슨은 일반적인 방식의 학교 교육에는 적합하지 않았으며, 너무 젊고

수줍음이 많았던 탓에 자신의 가장 뛰어난 재능을 학생들에게 제대로 전달하지 못했다.

수십 년이 흘러 노년이 된 그를 만나기 위해 옛 제자들이 모였을 때, 에머슨은 당시 학교생활에 대해 한 가지 후회를 내비쳤다. 그것은 그 시절 그가 매일 밤 방에서 홀로 적어 내려갔던 생각들, 즉 도덕에 관한 사유들, 아름다운 '보상의 법칙', 그리고 개별적 천재성에 관한 생각들을 학교에서 조금도 언급하지 못했다는 사실이었다. 그는 이러한 생각들을 관찰하고 숙고하는 일이 오랫동안 자신의 삶에 깊은 기쁨을 주었다고 회상했다.

그럼에도 불구하고 보스턴뿐만 아니라 첼름스퍼드와 록스버리의 많은 제자는 그의 존재와 가르침을 기쁨과 감사로 기억했다. 동생들이 대학에 다니는 동안 그는 가계를 도와야 했기에 교사 생활을 계속 이어갔다.

청년 시절 내내 그는 고모인 메리 무디 에머슨으로부터 깊은 사랑과 지적 자극을 받았으며, 때로는 날카로운 비판을 듣기도 했다. 그녀는 종교적 열정과 고결한 성품을 지닌 인물로, 다방면의 책을 열정적으로 탐독했으나 꽤나 별난 구석도 있었다.

시련과 목회자로서의 준비

청년 교사 에머슨은 지나치게 절제된 생활을 한 탓에 건강이 악화되었고, 몸은 분명한 위험 신호를 보내기 시작했다. 다행히 때맞춰 그 신호에 대처하긴 했지만, 그로 인해 삶의 계획이 어긋나고 지체되는 실망스러운 상황이 벌어졌다. 에머슨은 이러한 시련을 지혜와 용기로 견뎌 냈다. 하버드 신학대학원Divinity School 과정은 건강 문제로 자주 중단되었지만, 그럼에도 불구하고 1826년 10월, 그는 미들섹스 목사 협회로부터 '설교 자격'을 승인받았다.

당시 북부에서 겨울을 나는 것은 그에게 위험할 수 있겠다는 걱정에, 친척인 새뮤얼 리플리 목사의 도움을 받아 남부 플로리다에서 겨울을 보냈다. 다행히 건강을 회복한 그는 봄에 다시 북부로 돌아와 여러 도시에서 설교를 이어 갔고, 신학대학원 학업도 재개했다.

목사 임명과 양심의 결단

1829년, 에머슨은 보스턴 제2교회(올드 노스 교회)로부터 헨리 웨어 목사의 부목사로 부름을 받았다. 얼마 지나지 않아 선임 목사의 건강이 악화되면서 에머슨은 교회의 모든 직무를 전담하게 되었다. 당시 유니테리언 교회가 받아들였던 신학적 교리들은 에머슨에게 매력적이지 않았으며, 기적이나 예언 같은 초자연적 종교 현상 역시 그의 관심을 끌지 못했다. 대신 그는 신의 편재성遍在性, 인간의 존엄성, 그리고 우주가 매일 드러내는 경이로움에 대해 가르쳤다. 회중의 장년층은 그가 계시(성경) 종교에 대해 깊이 다루지 않는 것에 불안해하기도 했으나, 그의 언어는 젊은 이들의 생각을 자극하고 열망을 깨웠다. 이 무렵 그는 어머니와 어린 아내(엘런 터커)와 함께 샤든 스트리트에서 거주했다.

3년 동안 보스턴의 성도들을 섬기면서 에머슨은, 성령의 감동이 없음에도 정해진 기도와 성찬식을 해야만 하는 교회 관습 때문에 크게 괴로워했다. 그는 정직하게 자신의 고민을 성도들 앞에 내놓았고, 성찬식의 절차를 일부 수정할 것을 제안했다. 교회가 이 제안을 검토하는 동안, 에머슨은 화이트 마운틴(뉴햄프셔주의 산악 지대)으로 들어가 교회에 대한 의무와 자신의 양심 사이에서 깊이 고민했다. 산에서 내려온 그는 성찬식의 절차 수정을 거부하는 교회의 결정에 용기 있게 마주했다. 1832년 9월, 설교를 통해 그는 성찬식에 반대하는 이유를 설명했고, 양심상 이를 집행할 수 없었기에 결국 목사직을 사임했다.

사별, 그리고 유럽행

그는 성도들과 서로 따뜻하게 작별했지만 그래도 그 아픔은 컸다. 최근 아내를 잃은 데다 본인마저 병에 걸렸기에, 다른 이들의 눈에 에머슨의 삶은 완전히 무너진 것처럼 보였다. 그러나 그사이 먼 곳에서 들려오는 목소리들이 그에게 닿았다. 그는 유럽으로 떠나 이탈리아에 도착했다. 도시와 예술을 경험하고 사람들과도 교류했으나 오래 머물지는 않았다. 죽은 이들 중에는 미켈란젤로가, 살아있는 이들 중에는 랜더Walter Savage Landor(영국의 시인이자 작가)가 그에게 가장 큰 울림을 주었다. 그는 곧 북쪽으로 향했고 파리에는 잠시만 머물렀다. 그리고 당시 세상에 거의 알려지지 않았던 토머스 칼라일을 스코틀랜드 접경지대까지 찾아가 만났다. 그곳에서 두 사람의 인생에 큰 영향을 미치고 평생 이어질 우정이 시작되었다. 그는 시인 워즈워스와도 만남을 가졌다. 하지만 앞에 놓인 새로운 삶이 그를 다시 집으로 불렀다.

귀국, 콩코드 정착과 자연이라는 스승

에머슨은 1년도 채 되지 않아 건강과 희망을 되찾고 보스턴으로 돌아왔고, 뉴턴에 있던 어머니와 막내 동생 찰스와 합류했다. 설교 요청은 여전히 자주 들어왔고 그는 이를 수락했다. 뉴베드퍼드 교회에서는 듀이 박사의 후임으로 그를 생각했지만, 에머슨이 의례적 형식에서 벗어날 자유를 조건으로 내걸면서 논의는 결실을 보지 못했다.

1834년 가을, 에머슨은 콩코드로 이주해 리플리 박사와 함께 올드 맨스에서 생활했다. 그러다 곧 보스턴 로드Boston Road 인근, 월든 숲을 향하는 마을 가장자리에 집과 땅을 샀다. 그해 가을, 그는 플리머스 출신의 아내 리디언 잭슨Lidian Jackson과 함께 그곳으로 이사했으며, 그 집은 그들의 평생 안식처가 되었다.

정착 초기 몇 년 사이 형제 에드워드와 찰스가 차례로 세상을 떠났고, 뒤이어 맏아들 월도와 어머니마저 잃는 슬픔을 겪었다. 그러나 그가 맞이한 새로운 삶은 대체로 밝고 행복했으며 새로운 기회의 문도 차츰 열렸다.

에머슨은 전통적인 종교와 도시, 그리고 구세계(유럽)를 뒤로하고 이제 자연을 자신의 스승이자 영감의 원천으로 삼았다. 유럽에 있을 때부터 구상했던 그의 첫 번째 저서 《자연Nature》은 이곳에서 완성되어 1836년에 출간되었다.

에머슨은 콩코드에 살던 평생 동안 거의 매일 홀로 숲을 찾았다. 때로는 그곳에서 몇 시간씩 있으며 고요히 내면의 소리에 귀를 기울였고, 그렇게 마음이 깊이 가라앉고 열렸을 때 비로소 자신이 목소리를 내야 할 메시지를 얻었다. 그는 그 메시지가 전달되는 과정에서 자신의 색깔이 덧입혀질 수는 있어도, 그 빛 자체는 보편적인 것이라고 믿었다.

"신의 말씀은 언제나 울려 퍼지나
인간의 귓가, 그 문턱은
이 비천한 삶의 굴레 속에서
좀체 열려 듣는 법이 없구나."

배우는 자의 태도

하지만 그는 '신탁'을 진실하게 전수해 온 이들의 책에도 의지했으며, 자신을 위해 예비된 메시지를 누구보다 빠르게 발견해 냈다. 또한 그는 가장 평범한 사람부터 이름난 인물에 이르기까지, 다양한 사람들을 열정적으로 관찰하고 배웠다. 다만, 자신의 학자 같은 분위기 때문에 상점이나 사무실의 사람들이 입을 다무는 것을 늘 아쉬워했다. 그는 어디에서나 배우는 사람이었으며, 어리거나 교육을 받지 못한 방문객에게도 빛이 있다고 믿었다.

독서에서 얻은 통찰까지 포함한 사유의 결과물들은 점차 강연으로 연결되었다. 그의 평생 직업은 자신의 이야기를 듣고자 하는 이들에게 강연하는 것이었다. 처음에는 보스턴에서 강연을 시작했으나, 이 시기 뉴잉글랜드의 모든 마을에 리세움Lyceum(대중 강연 시설)이 생겨나 미시시피강 너머 서부 개척지까지 퍼져 나가면서, 에머슨의 강연 무대도 자연스럽게 넓어졌다.

그는 겨울이면 거칠지만 흥미로운 강연 여행에 나섰다. 자신이 사랑하는 공화국이 성장해 가는 모습을 직접 눈으로 확인하는 일이 무엇보다 즐거웠기 때문이다. 그리고 여름에는 공부와 집필에 전념했다. 이 강연들은 훗날 꼼꼼하게 다듬어졌고, 그중 가장 뛰어난 글들이 1841년부터 1876년 사이에 일곱 권의 수필집으로 묶였다. 활동 초기에 보스턴의 메이슨 템플Masonic Temple에서 열렸던 강연에는 언제나 진지하고 사려 깊은 이들이 많이 참석했다. 나이가 젊든 정신이 젊든, 그 '청년'들은 끝까지 그의 강연과 저작물의 주요 수요층이 되어 주었다. 에머슨은 '리세움 강단'의 자유로움을 즐겼다. 그는 사람들이 일요일 예배에서는 공식적으로 반대할 수밖에 없다고 느끼는 교리들을, 수요일 강연에서는 자신도 모르게 고개를 끄덕이며 경청한다는 사실을 발견했다.

사상의 파장

시인이자 비평가인 제임스 러셀 로웰은 자신의 에세이에서 이 초기 강연들을 회상하며, 기성 질서에 대해 비판적인 고민을 품고 있던 자신과 당시의 많은 청년들에게 그 강연들이 얼마나 큰 의미였는지를 이야기했다. 에머슨은 종종 "나의 힘이자 운명은 고독이다"라고 말하곤 했지만, '은둔'적인 학자였던 그에게 도시와 거친 개척지 마을을 여행하며 강연하는 일은 고독을 건강하게 보완해 주는 일이었다. 그는 그 여정을 통해 다양한 사람들을 직접 만날 수 있었고, 그러한 만남의 가치도 깊이 알고 있었다.

1837년, 에머슨은 하버드 대학의 권위 있는 학술 연설회인 '피 베타 카파Phi Beta Kappa 연설'에서 '미국의 학자The American Scholar'를 발표했다. 훗날 '미국의 지적 독립선언'이라 불리게 될 이 연설은 이미 높아지던 그의 명

153

성을 더욱 확고히 했다. 그러나 이듬해 신학교 졸업반을 대상으로 한 연설은 우호적이었던 유니테리언들조차도 위험한 교리라며 혹독한 비판과 경고를 보내왔다. 이러한 이단 논란에 대해 에머슨은 "내가 신의 인격성을 부정하는 것은 그것이 너무 커서가 아니라 너무 작기 때문"이라고 말했다. 그는 실제로 신이라는 개념을 한층 더 높이 끌어올리기 위해 노력했다.

하지만 분명한 건, 그의 가르침에 불편함을 느끼거나 충격을 받은 이들조차도 에머슨이라는 인격만큼은 존경했다는 사실이다. 그의 강연은 여전히 인기가 많았으며, 정통적인 대학의 문학 단체들로부터도 자주 강연 요청을 받았다. 그는 1838년까지 이스트 렉싱턴에서 정기적으로 설교를 했지만, 그 이후에는 목사직에서 완전히 물러났다.

초월주의 운동과 콩코드의 우정

이 무렵 보스턴에서는 진보적이고 영성 깊은 젊은이들이 토론과 상호 협력을 위해 모임을 가졌는데, 그들 중에는 조지 리플리, 사이러스 바톨, 제임스 프리먼 클라크, 에이모스 브론슨 올컷, 프레더릭 헨리 헤지, 마거릿 풀러, 엘리자베스 피버디 등이 있었다. 에머슨도 참여했던 이 모임으로부터 훗날 '초월주의 운동Transcendental Movement'이라 불리게 될 큰 흐름이 태동했다. 그 결과물로 브룩 팜 공동체Brook Farm Community와 잡지 〈다이얼The Dial〉이 탄생했다. 에머슨은 〈다이얼〉지에 큰 관심을 가졌으며 한동안 편집장을 맡기도 했다.

이 친구들 중 상당수는 콩코드를 자주 방문했다. 올컷은 자신의 학교가 문을 닫게 되자 콩코드로 이주했고, 너새니얼 호손 역시 그곳에 정착했다. 특히 콩코드의 청년 헨리 데이비드 소로는 에머슨의 눈길을 사로잡았다. 실제로 소로는 1~2년 동안 에머슨의 집에서 소중한 식구로 지내며, 점차 10에이커(대략 4만 제곱미터) 규모로 넓어진 정원과 작은 농장 일을 도왔고, 농장 기술도 가르쳐 주었다. 에머슨은 특히 나무들을 가꾸는 일에 큰 정성을 기울였다.

또한 에머슨은 동포들에게 칼라일의 사상을 소개하는 데 힘썼으며, 칼라일의 저작들을 이곳에서 편집해 출판했다. 덕분에 칼라일의 책은 그의 고향(영국)보다 이곳에서 더 많은 독자를 만날 수 있었다.

해외 강연과 시詩에 대한 열정

1847년, 에머슨은 영국의 초청으로 건너가 약 1년 동안 강연 여행을 했다. 혼란한 시기의 프랑스도 방문했던 이 여행의 결과물이 바로 《영국인의 특성English Traits》이다. 유럽 여행을 떠나기 직전 그는 자신의 시들을 모아 출판했고, 이후 1867년에는 시집 《5월제 외May-Day and Other

Pieces》를 추가로 펴냈다. 그는 어린 시절부터 시를 써왔
고, 평생토록 순수하고 정제된 시어의 경지에 도달하기를
간절히 갈망했다. 그는 "나는 내 시들을 가장 좋아한다.
왜냐하면 그 시들을 쓴 것은 나 자신이 아니기 때문이다"
라고 말하곤 했다. 1866년 하버드 대학교는 그에게 명예
법학 박사 학위를 수여했고, 그는 대학 평의원Overseer으
로 선출되었다. 1867년에는 다시 한번 피 베타 카파 연설
을 맡았으며, 1870년과 1871년에는 모교인 하버드 대학
교의 초청으로 철학 강의를 진행했다.

행동하는 지성: 사회적 책임과 개혁

에머슨은 단순히 글만 쓰는 문인이 아니었다. 그는 시대가
요구하는 개인적, 공적 의무를 인식하고 실천했다. 그는
사람들의 삶뿐 아니라 영혼에도 깊은 영향을 끼쳤다. 뜨거
운 열정을 품은 청년들이 삶의 방향을 고민하며 그를 찾
아왔고, 많은 이들이 빛을 얻어 돌아갔다. 현명한 개혁가
든 어리석은 개혁가든, 그를 찾아오는 사람들은 언제나 친
절히 맞이했다. 개혁가들은 종종 에머슨을 자신들의 편협
하고 일시적인 계획에 동참시키지 못해 실망하곤 했다. 그
럴 때마다 그는 "나의 개혁은 당신들의 개혁을 포함하고
있다. 나는 나의 길을 가야 하며, 나의 약점이 아니라 나의
강점으로 사람들을 도와야 한다"라고 말했다. 그러나 거

센 시대적 폭풍이 몰아칠 때면, 그는 반드시 나타나 자신
의 입장을 분명히 밝혔다.

그는 그 시대의 심각한 불의들에 맞서 자신만의 방식
으로 용감하게 싸웠다. 체로키 인디언들에게 가해진 부당
함에 반대하며 밴 뷰런 대통령에게 편지를 보냈고, 우상
과 같았던 대니얼 웹스터가 자유의 대의를 저버렸을 때 그
를 비판하는 연설을 감행했다. 노예제의 불의함을 끊임없
이 역설했고, 캔자스를 노예제 없는 자유주로 만들려 했
던 '캔자스 자유주Free State 운동'을 연설과 재정으로 후
원했다. 1861년 보스턴 폭도들에 의해 중단된 노예제 반
대 집회에서는 노예제 폐지 운동가였던 웬델 필립스의 곁
을 지켰으며, 남북전쟁이 시작되자 노예 해방을 강력히 촉
구했다.

콩코드의 이웃, 그리고 영원한 안식

그는 콩코드의 집과 이웃들을 사랑했다. 수년 동안 학교
위원회에서 봉사했고, 리세움을 위해 헌신했으며, 마을의
주요 행사 때마다 연설을 맡았다. 마을의 거의 모든 회의
에도 참석했는데, 주로 말하기보다 듣고 감탄하기 위해서
였다. 그는 언제나 이웃들에게서 기쁨과 자부심을 느꼈다.
그 보답으로 마을 사람들 역시 그를 존경하고 사랑했다.

1872년 에머슨의 집은 화재로 소실되었는데, 그때 겪

은 일들로 인해 건강이 상하고 말았다. 수많은 친구가 그의 집을 다시 짓겠다고 나섰으며, 건강 회복을 위해 그를 해외로 보내주었다. 그는 나일강을 거슬러 올라갔고, 이집트를 떠나 영국을 다시 방문하여 옛 친구와 새 친구들을 만났다. 그가 마을로 돌아왔을 때, 콩코드 사람들은 그를 환영하며 집까지 안내해 주었다. 이 시기 이후 그는 더 이상 글을 쓸 수 없었다. 그의 노년은 가족과 친구들 사이에서 평온하고 행복했다. 그는 1882년 4월, (폐렴으로) 세상을 떠났다.

1899년 1월
에머슨의 아들, 에드워드 W. 에머슨

엮은이 충희

한국외국어대학교를 졸업했다. 2003년부터 주로 자기계발 영역에서 출판 기획자로 일하고 있다. 북이십일, 문학동네, 청림출판 등을 거쳤다. 시대의 변화 앞에서 스스로를 지키기 위해 엮은이로도 활동하고 있다. 처음 엮은 책으로《내가 허락하지 않는 한》이 있다.

tg 005

초역 에머슨의 잠언 시편
: 자기 신뢰, 스스로 서는 자의 문장

초판 1쇄 발행 ㅣ **2026년 4월 10일**

지은이 랠프 월도 에머슨
엮은이 충희

펴낸곳 여린풀
출판등록 제2024-000243호
이메일 tendergrass001@gmail.com
디자인 스튜디오41

ISBN 979-11-992406-8-1 (03190)